ÉTUDE LITTÉRAIRE

SUR LA CHANSON DE ROLAND,

PAR

H. DAUPHIN,

CONSEILLER A LA COUR IMPÉRIALE, MEMBRE DE L'ACADÉMIE D'AMIENS.

(Extrait de LA PICARDIE *, Revue littéraire et scientifique.)*

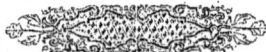

AMIENS,

IMPRIMERIE DE LENOEL-HEROUART,

RUE DES RABUISSONS, 10.

1856.

ÉTUDE LITTÉRAIRE

SUR LA CHANSON DE ROLAND,

Lue en Séance de l'Académie d'Amiens, au mois d'Avril 1855.

Il a paru, il y a quelques années, sous ce titre : *La Chanson de Roland*, un poème français du moyen-âge, auquel s'est attaché tout l'intérêt d'une découverte. Ce poème, dont il n'existe qu'un seul manuscrit conservé à Oxford, n'était guère connu que d'un petit nombre de savants philologues, et son vieux texte, édité déjà par M. Francisque Michel avec un bon glossaire, n'avait pas été rendu plus accessible à la masse des lecteurs. Les érudits savaient que cette composition, rajeunie plusieurs fois ou imitée au moyen-âge, était le premier type des poèmes nombreux que l'on possède sur la journée de Roncevaux. Elle leur offrait un riche sujet d'études sur la formation de notre langage. Ginguené et Fauriel en avaient fait quelque mention, et donné envie de la connaître ; mais on peut dire qu'elle n'était pas encore sortie du domaine de l'érudition proprement dite, lorsque M. Génin, en 1850, en publia le texte revu et corrigé, avec traduction en regard, dans un beau volume sorti de l'Imprimerie nationale. Cette publication fit évènement au milieu de ceux qui occupaient alors tous les esprits.

1857

1

La chanson de Roland apparaissait pour la première fois, ou ressuscitait après sept ou huit siècles aux yeux du public.

Sans doute il manquait encore quelque chose à ce livre, pour qu'il obtînt un succès populaire. La vue d'un vieux texte, l'étrangeté d'un idiôme devenu pour nous presque une langue morte, une traduction en style du XVIᵉ siècle, tout cela pouvait nuire au succès de sa publication. Mais il a joui de tout ce qui pouvait lui donner cours dans le monde littéraire. Feuilletons et comptes-rendus, traduction en style moderne, louanges et critiques, rien ne lui a été refusé, pas même l'avantage d'une polémique personnelle dirigée contre son nouvel éditeur. La *Revue des Deux-Mondes* lui a ouvert ses colonnes, et grâce à la plume élégante de M. Vitet, il a revêtu des formes qui l'ont fait accueillir comme le roman du jour. Il a donc eu un moment de vogue, et je le répète, à sept ou huit siècles d'intervalle, la chanson de Roland a fait une nouvelle apparition parmi les Français.

Aujourd'hui que la publication de ce poème a produit son effet, que reste-t-il ? Des érudits est-il passé aux masses, aux femmes, aux amis de la littérature facile ? Est-il à l'usage de la jeunesse studieuse ? A-t-il pris place dans la bibliothèque des hommes de goût ? Je voudrais pouvoir n'en pas douter. Ce qui est certain, c'est que dès à présent le bruit qu'avait fait le Roland à sa naissance est bien affaibli, et que le mouvement d'opinion, qui l'avait salué d'abord, diminue chaque jour au lieu de se propager, comme si la curiosité française, un moment excitée à la vue d'une belle relique, devait faire place à l'indifférence et à l'oubli.

Et cependant, s'il faut en croire M. Génin, écrivain ingénieux et d'un goût difficile, la chanson de Roland constitue une véritable épopée. Théroulde, son auteur, serait l'Homère français.

Il peut être intéressant de rechercher :

1º Ce qu'il y a d'épique dans l'œuvre qui nous est parvenue, sous le nom de Théroulde, à supposer que cette œuvre ne mérite pas le nom d'épopée;

2º Si, après avoir été battue et presque submergée par le flot des âges, elle est appelée de nos jours à une résurrection glorieuse, à reconquérir la popularité, dont il est certain qu'elle a joui.

Mais avant toute appréciation, il est nécessaire de donner une analyse aussi complète que possible de ce poème de quatre mille vers, sans division et sans titre, qui par sa nature appartient au genre de composition qui, aux XIIe et XIIIe siècles, s'appelait chanson de geste.

1.

Marsile, roi d'Espagne, tenant sa cour à Sarragosse, est depuis sept ans inquiété par Charlemagne, qui a conquis la majeure partie de ses états, et qui se trouve alors à Cordoue. Il est résolu, en conseil militaire des chefs sarrasins, consultés sur la continuation de la guerre, qu'on obtiendra de Charlemagne, par une feinte, qu'il ramène son armée en France. Marsile lui enverra des ambassadeurs et des ôtages, avec la promesse de se rendre lui-même à Aix-la-Chapelle, dans le mois, de lui prêter foi et hommage comme son vassal et de se faire baptiser. Cette promesse ne sera point tenue. Charlemagne fera trancher la tête aux ôtages, mais l'Espagne sera sauvée.

L'ambassade est confiée à l'auteur de ces propositions fallacieuses, à Blancandrin, qui a livré pour ôtage son propre fils. Charlemagne hésite, et consulte ses Preux dont les avis sont partagés. Contre l'opinion de Roland, Ganelon, son beau-père, appuyé par le duc Naimes, fait prévaloir l'avis de la paix. Mais il faut en traiter à Sarragosse avec Marsile en personne, pour avoir son serment, et demander pour ôtage l'oncle du roi maure. Ce message est dangereux auprès d'un monarque sans foi, qui a déjà fait trancher la tête à deux ambassadeurs de Charlemagne. Roland se propose, et après lui s'offrent les douze Pairs, que Charlemagne refuse successivement de laisser partir. Roland désigne alors et loyacement Ganelon, son beau-père, à cause de sa prudence consommée. Mais Ganelon voit là une machination ourdie pour le perdre et s'emporte contre Roland. L'assentiment donné à ce choix par les barons français et par Charlemagne l'oblige de partir. Il laisse à Roland ces paroles pour adieu : « Si Dieu m'accorde que j'en revienne, je t'en ferai sentir mon courroux qui durera autant que ma vie. »

> Io t'en muverai un si grant contraire
> Qu'il durerat a trestut ton edage.

Chemin faisant avec les ambassadeurs de Marsile, qu'il a rejoints, Ganelon prête l'oreille aux ouvertures adroites de Blancandrin, par haine de Roland. « Tant que vivra, dit-il, cet ambitieux, que votre roi ne compte pas faire la paix. » Et tous deux conviennent de chercher les moyens de le faire périr.

Admis à l'audience du roi maure, l'adroit Ganelon, fort du pacte secret qu'il vient de conclure, au lieu d'adoucir les termes du message, exagère les exigences de son maître. Charlemagne ne veut laisser à Marsile, même comme vassal, que la moitié de l'Espagne; et s'il ne se fait baptiser, il sera conduit garrotté à Aix, pour y être jugé, et mis à mort. Ganelon ajoute, pour l'irriter davantage, qu'il destine l'autre moitié de l'Espagne à son neveu Roland. « Vous aurez là, dit-il, un orgueilleux associé. »

> Mult orguillus parçuner y aurez.

Tout en paraissant braver Marsile, et se poser en hardi champion de la France, Ganelon ne veut que l'animer contre Roland, pour en faire l'instrument de sa haine personnelle. Il ne lui suffit pas que Marsile manque à ses promesses, qui sont la condition de la rentrée de Charlemagne en France; il faut encore qu'il prenne l'offensive, qu'il attaque les derrières de l'armée en marche, qu'il y trouve Roland commandant l'arrière-garde, et que celui-ci meure accablé par le nombre. Tel est le dessein de Ganelon; dessein qu'il exécute avec une perverse habileté.

Il s'est retiré la tête haute, après avoir tiré son épée, comme pour se défendre et pour soutenir l'honneur de son pays. Mais Blancandrin dit au roi : « Il m'a juré de travailler pour nous. »

> De nostre prod m'ad plevie sa feid.

On le rappelle ; il reparaît devant Marsile et ses conseillers les plus intimes, et dans un entretien où se consomme la trahison, il conseille au roi de ne pas combattre Charlemagne en face, tout vieux qu'il est, et même avec quarante mille soldats ; mais de lui envoyer de riches présents et des ôtages, et de tomber sur son arrière-garde, où sera Roland, pendant que l'armée franchira les Pyrénées. Cent mille hommes en viendront à bout dans un second combat, si le premier ne suffit point. Roland mort, Charlemagne n'aura plus envie de continuer la guerre.

La trahison est complète. C'est Ganelon qui en a dressé tout le plan agréé par Marsile. L'infâme jure sur son épée de chevalier de fournir sa part à l'exécution. Il reçoit de riches présents tant pour lui que pour sa femme ; et le roi maure, en le chargeant de porter à Charlemagne les clés de Sarragosse, le congédie avec ces mots : « Faites donner l'arrière-garde à Roland. Si je puis le surprendre dans quelque passage ou quelque défilé, je lui livre bataille à mort. »

> Pois me jugez Rolland a rere guarde.
> Se'l pois trover a port ne a passage,
> Liverrai lui une mortelle bataille.

Dans ce premier chant, suivant la division adoptée par le traducteur, on voit, après un court exposé de la situation de Charlemagne en Espagne (ce début n'a qu'un couplet de neuf vers), un conseil militaire, une délibération sur la guerre ou la paix, des ambassades, une querelle entre deux chefs, une haine mortelle née de cette querelle, et un pacte de trahison par lequel un paladin français offense son Dieu, son roi et son pays, pour se venger de la supériorité d'un rival.

Le second chant (je suis toujours la division adoptée par le traducteur) s'ouvre par le rapport que Ganelon fait à Charlemagne
de son message et de l'adhésion du roi maure à toutes les conditions de paix. Il apporte , avec de magnifiques présents, les clés
de Sarragosse, et remet les ôtages demandés , excepté l'Algalife,
oncle de Marsile , dont l'absence est motivée par un mensonge.
A ce récit, Charlemagne donne le signal du départ. L'armée se
met en marche, et, à la première couchée, lorsque les Sarrasins
sont déjà embusqués sur des hauteurs , l'Empereur a deux songes
prophétiques. Il lui semble voir, au pas de Sizer, Ganelon, qui ose
lui prendre sa lance et la rompre en éclats. Il voit ensuite un
sanglier qui, accouru de la forêt des Ardennes, vient le mordre
au bras droit. Un léopard l'attaque aussi avec fureur ; mais un
lévrier s'élance, et fond sur le sanglier , auquel il coupe l'oreille
droite.

Au jour, l'armée s'étant remise en marche, on arrive aux défilés.
Charlemagne demande un chef pour commander l'arrière-garde,
et Ganelon désigne aussitôt Roland qui soupçonne les intentions
de son beau-père. Il lui fait entendre qu'il n'est point dupe de
sa malice ; mais il est trop brave pour refuser un poste périlleux.
L'Empereur lui offre la moitié de son armée. Roland ne prendra
que vingt mille hommes ; mais il retient avec lui l'archevêque
Turpin, Olivier et les autres Pairs. La tête de l'armée continue sa
marche, passe les monts, et ne tarde pas d'entrer en Gascogne.

Cependant Marsile s'était préparé à lui donner la chasse ,
résolu d'y envoyer d'abord son neveu Aelzoth , avec onze chefs,
qui l'entourent à l'instar des douze Pairs , et puis de venir au
besoin les soutenir lui-même à la tête de toute son armée. Les
douze chefs sarrasins , nommés et décrits dans leurs personnes
et dans leurs armures , passent devant le roi maure , auquel ils
promettent la défaite et la mort de Roland. Cent mille hommes
les suivent.

Olivier, qui du haut d'un pin les voit venir en si grand nombre,
invite par trois fois Roland, qui s'y refuse , à sonner du cor. Le

son connu de ce cor d'ivoire, *l'olifan,* qui sert de ralliement dans les combats, rappellera le gros de l'armée, et les préservera d'un grand désastre. Roland résiste pour ne pas compromettre sa gloire, en demandant du secours : « Ne plaise à Dieu, dit-il, que la France perde pour moi son renom de valeur ! J'aime mieux mourir que d'être vengé par la honte. »

> Melz voeill murir que huntage me venget.

Aussi bien il n'est plus temps : voilà les Sarrasins, et quelque soit leur nombre, il faut combattre. Roland s'écrie, dans un magnifique élan de courage : « Si je meurs, celui qui aura ma bonne épée Durandal pourra dire : C'était l'épée d'un brave ! »

> Se jo i moere, dir poet ki l'avurat :
> Iceste épée fut a noble vassal.

L'archevêque Turpin confesse les soldats, et leur enjoint, pour pénitence, de bien frapper. La bataille commence.

Dans plusieurs rencontres des douze chefs sarrasins avec les douze Pairs, des combats successifs s'engagent, où chacun des Pairs obtient l'avantage sur son adversaire et le tue. Olivier, courant à d'autres exploits, fait tomber sur la tête de Justin de Val-Ferrée un coup d'épée, qui le partage en deux, tranche sa cuirasse, et pourfend, avec la selle, l'échine de son coursier. Le cheval et le cavalier roulent sur le sol. Roland voit ce coup de maître d'Olivier et s'écrie : « Je vous reçois pour frère ! »

> Vos receif jo frere.

Malgré ces beaux faits d'armes, de Roland, d'Olivier, et de l'archevêque Turpin, les Français font de grandes pertes. Les Français y laissent leur jeunesse. Ils ne reverront jamais leurs mères, ni leurs femmes, ni leurs amis, qui les attendent de l'autre côté des monts.

> Tant bons Franceis i perdent leur juvente !
> Ne reverunt lor meres ne leurs femmes,
> Ne cels de France ki a porz les atendent.   Aoi.

Cependant ils tiennent bon. Les douze Pairs sont encore debout, et le combat se maintient dans une mêlée sanglante, malgré l'inégalité du nombre ; mais si Marsile survient avec des renforts, c'en est fait de cette malheureuse arrière-garde. L'Empereur, au revers des Pyrénées, a de sinistres pressentiments. Les signes d'une grande catastrophe apparaissent en France, et y causent de l'épouvante. Aux pluies torrentielles, aux ouragans, à la foudre, aux tremblements de terre se joignent les ténèbres qui se répandent en plein midi. On s'écrie que c'est la fin du monde !

> . . . . . Ço est li definement
> La fin del secle ki mis est en present.

Ce n'est pas la fin du monde, mais :

> Ço est li gran doel por la mort de Rolland.

Dans ce second chant, l'action continue, sans digression aucune, et marche rapidement. Qu'y trouve-t-on ? Des songes prophétiques, une revanche de Ganelon prévue et prise habilement, des portraits d'hommes de guerre, un contraste frappant et dramatique dans Roland et Olivier, de la valeur téméraire et du courage réfléchi : « Rolland est proz e Oliver est sage, » des combats d'homme à homme, l'adoption d'un frère d'armes, et les présages d'une grande catastrophe, annoncée par un bouleversement de la nature. L'intérêt du poème croît avec l'anxiété du lecteur.

Les Français, malgré leurs pertes, ont encore l'avantage, lorsque Marsile leur tombe sur les bras avec toute son armée. Ils soutiennent le choc, animés par l'archevêque Turpin, qui renverse à ses pieds le porte-étendard du roi maure. Quelques Pairs sont tués par des chefs sarrasins, mais vengés aussitôt par Olivier, Roland et Turpin. Les Sarrasins lâchent pied, et l'impétuosité française

triomphe du nombre pendant quelque temps. « Terre de France!
entre tous les peuples, tes enfants sont les plus hardis ! »

> . . . . . . Tere major,
> Sur tute gent est la tue hardie!

Mais, après trois charges de Roland et d'Olivier, qui trois fois ont
rompu les rangs ennemis, et fait reculer leurs masses profondes,
il ne reste que soixante Français, qui vendent chèrement leur vie.
Roland voit alors le danger, et se décide à donner du cor. —« Non,
lui dit Olivier, avec une ironie amère; c'est chose messéante à un
brave. Vous l'avez dédaigné quand je vous l'ai dit. Vous y mourrez, et la France sera déshonorée. » — Dans sa colère, Olivier
déclare à Roland que sa sœur Alde, qui lui a été fiancée, ne sera
jamais sa femme.

> Ne jerreiez jamais entre sa brace.

Roland répond avec douceur à ces reproches, et l'archevêque intervient pour arrêter un débat inopportun. Roland sonne du cor
par trois fois ; mais épuisé de fatigue, il s'est rompu une veine du
front, et le sang lui sort par la bouche. L'Empereur l'a entendu,
quoiqu'à trente lieues de là ; et Ganelon, qui veut lui faire prendre
le change, est enchaîné comme un traître, et livré sur un âne à la
risée des goujats, jusqu'à plus ample informé. Charlemagne fait
repasser les monts à son armée, pour secourir et sauver son neveu;
mais à quoi bon ? il est trop tard.

> De ço qui calt? demuret i unt trop.

Roland, sur ce champ de bataille, où il ne reste debout que
soixante des siens, pleure la mort de tant de braves, et s'accuse
d'en être la cause. Il s'écrie : « Barons français, qui mourrez par
ma faute, je ne vous puis sauver ni garantir. Olivier, mon frère,
je ne dois vous faire faute en ce péril ; mais je mourrai de douleur, sinon d'un coup d'épée. »

> De doel murrai, se altre ne m'i ocit.

Roland se rejette dans la mêlée , et porte partout des coups ter-
ribles. Il fait mordre la poussière à vingt-quatre Sarrasins, après
avoir tué leur chef. Il joint Marsile, lui coupe le poignet droit, et
tue sous ses yeux son fils Jurfalet. Il accourt au cri d'Olivier que
Marganice d'Ethiopie a frappé lâchement dans le dos, et, méconnu
par son frère d'armes, que le sang de ses blessures aveugle, il en
reçoit un coup d'épée, qui lui fend son casque. Olivier reconnait
son erreur, et demande pardon à Roland d'une voix faible ; car il
touche à ses derniers moments. A genoux, les mains jointes , il
prie Dieu de lui donner son paradis. Il bénit Charlemagne et la
France, et son compagnon Roland. Puis le cœur lui manque ;
il se laisse cheoir.

> Morz est li quenz, que plus ne demurat.

Roland ne laissera point son ami confondu parmi les morts ;
mais obligé de rentrer dans la mêlée, il s'écrie en le quittant :
« Sire compagnon, si hardi pour ton malheur, tant de jours, tant
d'années que nous avons été ensemble , tu ne me donnas jamais
sujet de plainte, ni moi à toi ! »

> Ne m' fesis mal, ne jo ne l' te forsfis.
> Quand tu es mort, ce m'est doulur de vivre !

Il va de nouveau combattre avec l'archevêque Turpin et Gaultier
de Luz , les seuls Français qui survivent , trois contre quarante
mille qui de loin tuent Gaultier et blessent l'archevêque. Mais ces
trois font des prodiges de valeur. Turpin abattu se relève en
s'écriant : « Je ne suis pas vaincu ; un bon soldat n'est jamais pris
vivant ! » Et il frappe de tels coups que, suivant la Geste et au
rapport de Charlemagne, les corps de quatre cents Sarrasins furent
trouvés tués autour de lui. Roland est auprès de l'archevêque, et
le défend contre quatre cents Maures dont ils sont assaillis. Il a
pu encore , mais d'un souffle affaibli , faire un dernier appel à
Charlemagne qui, déjà rapproché, a entendu le son du·cor ; mais
il arrivera trop tard.

Cependant le vaillant archevêque est blessé à mort. Maître au moins du champ de bataille, que lui ont laissé les bandes sarrasines, Roland va chercher les corps de ses compagnons, qu'i range autour du prélat guerrier, pour être absous et bénis. Il dépose aussi, couché sur son bouclier, le corps d'Olivier, son frère d'armes, lui adresse un dernier adieu, et tombe sur l'herbe évanoui. Turpin fait un effort, et se relève pour aller puiser de l'eau à une source voisine; mais il tombe à son tour à quelques pas de là. C'est Roland qui, revenu à lui, recevra les derniers soupirs de l'archevêque et fera son éloge dans une complainte à la mode de son pays : « A la lei de sa tere. » Mais le paladin est lui-même près de sa fin. Il le sent et se dispose à mourir en héros chrétien. Il se place sur un tertre, adossé à un arbre, le visage tourné vers l'ennemi, et tenant en ses mains son cor et son épée, dont il ne veut pas se dessaisir. Un Sarrasin, qui s'était couché parmi les morts durant le combat, se redresse et va pour lui prendre ses armes. Roland rouvre les yeux, et le frappant de son cor d'ivoire, l'abat à ses pieds. Puis craignant pour son épée qu'elle ne passe en des mains indignes, il essaie par trois fois et toujours en vain de la briser sur le roc. A chaque fois, il fait l'éloge de sa Durandal, don de Charlemagne, qui porte dans sa poignée de précieuses reliques, et qui lui a servi à conquérir tant de pays. Plutôt mourir que de la laisser aux païens :

> Mielz voeill murir qu'entre païens remaigne.

Enfin il la pose sous sa tête ainsi que le cor d'ivoire, et après s'être frappé la poitrine, après avoir fait sa dernière prière, il offre à Dieu son gant reçu par Gabriel. La tête inclinée sur son bras et les mains jointes, Roland expire. Les archanges Michel et Gabriel emportent son âme en paradis.

Ce troisième morceau, ou troisième chant, si on veut ainsi l'appeler, est plein de détails saisissants. Il retrace des combats d'homme à homme, et décrit encore la mort de plusieurs braves;

mais ce qui le caractérise, c'est la lutte obstinée de forces infé-
rieures, d'une poignée d'hommes réduite à deux, à un seul, contre
une armée innombrable; c'est la suite d'une faute ou d'un excès
de bravoure, qui coûte la vie à vingt mille Français; c'est le
tableau d'efforts surhumains et inutiles; ce sont les derniers
adieux, les touchantes réminiscences, les récits de trois morts
glorieuses, récits empreints de la couleur du temps, où rien n'est
omis de ce qui peut en rehausser l'effet pittoresque. C'est enfin l'art
du poète, qui fait entrevoir l'heure prochaine de la vengeance.

Au quatrième chant, on voit d'abord Charlemagne qui, arrivé
sur le champ de bataille, appelle à haute voix son neveu Roland
et ses douze Pairs. Il faut avant tout poursuivre les Sarrasins et
en tirer une vengeance éclatante. L'Empereur défend qu'on touche
aux morts avant son retour, et il obtient de Dieu qu'il retarde le
coucher du soleil jusqu'à la défaite entière, jusqu'à l'extermination
des infidèles, qui périssent en effet ou par le fer ou dans l'Ebre.
Les Français vainqueurs couchent à la belle étoile. Charlemagne
se repose aussi tout armé, et ceint de son épée Joyeuse, qui porte
en sa poignée la pointe de la lance de Notre Seigneur. Il a deux
songes, où lui sont signifiés sous des voiles obscurs son combat
du lendemain et le procès de Ganelon.

Cependant le roi Marsile est rentré, le poing coupé, à Sarragosse. Les Maures, furieux de leur défaite, châtient leurs dieux
qui n'ont pas su les en garantir. Mahomet est jeté dans un fossé
et livré aux chiens. Apollon et Tervagan sont fustigés, foulés aux
pieds et pendus à des colonnes. Le palais du roi maure retentit
des cris et des gémissements de sa femme Bramidone, qui n'espère
plus qu'en l'arrivée de Baligant, le grand Émir de Babylone, à qui
des secours ont été demandés depuis plusieurs années.

Le vieux Baligant venait de débarquer à l'embouchure de l'Ebre
avec une armée formidable, qui comptait dix-sept rois. Il mande
auprès de lui Marsile hors d'état de venir lui rendre hommage. Le
roi maure répond aux messagers de l'Émir qu'il lui cède tous ses

droits sur l'Espagne : « Je n'ai ni fils, ni fille, ni héritier. J'en avais un. Il fut occis hier soir. »

> Jo si n'en ai filz ne fille, ne heir.
> Un en aveie, cil fut ocis her seir.

« Dites à l'Emir, ajoute Marsile, qu'il vienne prendre possession de mes Etats, et qu'il défende son bien. »

Sur le rapport des messagers, qui lui remettent les clés de Sarragosse, Baligant se rend lui-même dans cette ville, et reçoit l'investiture de l'Espagne. Marsile debout, et soutenu sous les bras par deux Sarrasins, présente à l'Émir de sa main gauche (il a perdu la droite) le gant, symbole de la suzeraineté.

> Tutes ici mes terres je vos rent
> E Saraguce e l'onor qui apent.

« Quant à moi, je suis perdu, et j'ai perdu mon peuple. »

> Mei ai perdut e trestute ma gent.

Là dessus Baligant le quitte, et retourne au lieu où il a laissé son armée.

De son côté Charlemagne avait, au point du jour, ramené ses troupes sur le champ de bataille de Roncevaux. Il se détache et va seul en avant pour trouver son neveu parmi les morts. Il le reconnaît à son attitude de conquérant, à son visage tourné vers l'ennemi. Quatre fois il l'interpelle avec force louanges sur sa valeur, et maints regrets de sa perte. Puis il ordonne que tous les corps des Français morts à Roncevaux soient recueillis avec pompe dans un ossuaire, qui restera sur les lieux. On fait plus pour Roland, Olivier et l'archevêque. Leurs cœurs sont extraits et conservés dans un drap de soie; le reste de leur dépouille renfermée dans des cercueils de marbre.

Ces derniers devoirs remplis, Charlemagne va donner le signal du départ, lorsque deux messagers viennent, au nom de l'Émir, arrêter la marche de l'Empereur, et lui offrir la bataille. On s'arme des deux côtés. L'armée de Charlemagne est divisée par nations en dix bandes, qui ont chacune leur chef recommandé par un nom fameux dans nos chroniques. La dixième bande, commandée par Charlemagne en personne, marche sous l'oriflamme, que porte Geoffroy d'Anjou, sous cette bannière qui s'appelait autrefois *Romaine,* comme ayant appartenu à S. Pierre, et qui se nomme aujourd'hui *Monjoie,* le joyau de l'empereur.

De son côté Baligant rassemble ses troupes, au son du tambour, et les range en bataille. Trente cohortes, formées de diverses nations d'Asie et d'Afrique, moins connues sur la carte que dans les Gestes anciennes, sont passées en revue par l'Emir accompagné de son fils Malpramis, qui lui a demandé l'honneur du premier coup.

Les deux armées étant ainsi en présence, Charlemagne prie Dieu de l'aider à venger son neveu. Sa barbe, mise dehors en signe de deuil, flotte sur sa cuirasse, comme celle des autres capitaines. Baligant, ceint de Précieuse, sa bonne épée, couvert de son écu, chevauche en tête de ses troupes, avec Espaneliz, et les deux rois Torleu et Dapamort.

Dans ce quatrième chant, où l'action se complique d'un accident imprévu par l'arrivée d'un secours formidable, un nouvel intérêt s'attache au résultat de la lutte engagée entre l'Empereur et les Sarrasins. Les grandes scènes de cette partie du drame sont, outre un songe de Charlemagne et le tableau de l'effroi qui règne à la cour du roi maure, l'investiture imposante et toute féodale de Baligant, le panégyrique de Roland en quatre couplets, les funérailles des braves, et le dénombrement des deux armées, chrétienne et païenne.

Dans la dernière partie du poème, la vengeance s'accomplit, et la trahison reçoit le châtiment qui lui est dû. Charles et Baligant haranguent leurs troupes : « Frappez, dit l'Émir, je vous donnerai des femmes et des terres. »

Je vos durrai muillers gentes et belles ;
Si vos durrai feus e onors e teres.

« Braves Français, dit de son côté l'Empereur, vengez vos fils et vos frères, qui sont morts à Roncevaux. »

Et le combat s'engage ; la victoire est quelque temps balancée. L'Emir fait mordre la poussière à plusieurs capitaines francs ; mais son fils est tué. Son frère paie de sa vie le danger où il a mis le duc Naimes, secouru à temps par Charlemage. L'Émir, informé de la mort de son fils et de son frère, appelle Jangleu, son sage conseiller, et lui demande s'il remportera la victoire. — « Vous êtes perdu, Baligant, et vos Dieux ne vous sauveront point. Pourtant ne négligez rien, et ralliez vos meilleures troupes. » — L'Émir, sans perdre courage, embouche lui-même la trompette et ranime l'ardeur de ses bandes qui ont, pendant quelque temps l'avantage ; mais accourt Ogier le Danois, qui d'un revers abat le dragon et l'étendard de Mahomet.

A la fin du jour, lorsque des deux parts on est fatigué de carnage, Charlemagne et Baligant se joignent, et se reconnaissent aux cris de Monjoie ! Précieuse ! signes de ralliement des deux armées. Ce grand duel aura lieu à cheval et à pied, à la lance ainsi qu'à l'épée ; car démontés tous deux au premier choc, ils se relèvent et se mesurent de près. Un dialogue s'engage entre eux à la manière des héros d'Homère : — « Charles, repens-toi d'avoir tué mon fils et embrasse mon culte. » — « Ce serait grande vilenie. Je ne dois ni paix ni amour à un païen. Fais toi chrétien, reçois le baptême, et je serai ton ami à toujours. »

La lutte recommence plus acharnée. Baligant décharge sur la tête de l'empereur un coup terrible, qui ouvre la chair jusqu'à l'os. Charlemagne chancelle ; il va tomber ; mais il voit l'ange Gabriel, qui d'un mot le rassure, et sous cette protection céleste, il riposte à l'Émir par un coup d'épée, qui brise son casque et lui fend le crâne et le visage jusqu'au menton. La chûte de Baligant met les payens en fuite, et leur déroute est aperçue par la reine

Bramidone, qui observe du haut d'une tour l'issue de la bataille. Elle en porte la nouvelle au roi son époux, retenu au lit par ses souffrances. Marsile à ce récit, se tourne vers la muraille, pleure et meurt de douleur.

> Quant l'ot Marsilie, vers sa paret se turnet,
> Pluret des oilz, tute sa chère embrunchet.
> Mors est de doel.

A peine a-t-il fermé les yeux que l'Empereur arrive à Saragosse, où il entre sans résistance. Il y couche avec son armée, et le lendemain il fait briser dans les synagogues et dans les mosquées les images et les idoles. Plus de cent mille payens sont baptisés de gré ou de force. Ceux qui résistent sont tués, brûlés ou pendus. « Le roi croit en Dieu et fait tout pour son service. »

> Li reis creit Deu; faire voelt sun service.

Bramidone, qui a rendu à Charlemagne les tours de la ville, sera conduite en France pour y être instruite et baptisée. Enfin, laissant une garnison à Sarragosse, l'Empereur rentre en France par Narbonne, et dans son retour à Aix-la-Chapelle, il dépose à Bordeaux dans l'église St.-Séverin, le cor de Roland plein d'or et d'écus. Il érige à Blaye, dans l'Eglise St.-Romain, de superbes tombeaux à Roland, Olivier et Turpin, les plus braves et les plus aimés des douze Pairs. Leurs cœurs apportés de Roncevaux, y reposent sous le marbre.

De retour à Aix, Charlemagne s'empresse de convoquer un jury féodal, composé des ducs et principaux seigneurs de toutes les parties de son grand empire. Dès son arrivée, la belle Alde, inquiète sur le sort de Roland son fiancé, s'est rendue au palais de l'Empereur. Elle apprend que Roland est mort. Vainement Charlemagne essaie-t-il de la consoler, en lui promettant la main de Louis, son propre fils et son héritier. « A Dieu ne plaise, dit-elle, que je survive à Roland. »

> Ne place Deu, ne ses seins ne ses angles
> Apres Roland que jo vive remaigne !

Alde pâlit en disant ces mots, et tombe morte aux pieds de l'Empereur.

> Pert la culor, chet as piez Charlemagne ;
> Sempres est morte. Deus ait merci de l'anme !

Charles, qui ne la croit qu'évanouie, la relève dans ses bras, mais sa tête retombe sur son épaule. Elle a cessé de vivre. Son corps, remis à quatre Comtesses, est porté dans un couvent de nonnes et enterré sous l'autel.

Vient ensuite le procès de Ganelon, qu'on amène enchaîné devant Charlemagne, le jour de S. Sylvestre, jour assigné par l'acte de convocation. L'Empereur expose que Ganelon lui a fait perdre vingt mille hommes et son neveu Roland ; qu'il a trahi les douze Pairs pour de l'argent.

> Les XII pairs a trait per aveir.

— « Je n'ai point trahi, répond Ganelon, je n'ai voulu que perdre Roland qui m'avait causé plusieurs torts et dommages. Je me suis vengé : »

> Venged m'en sui ; mais ni ad traïsun.

Entouré de trente parents, qui sont venus pour soutenir sa cause, Ganelon invoque l'aide de Pinabel, l'un d'eux et le plus considérable, qui donne d'avance un démenti (prêt à le soutenir avec l'épée) à qui condamnera son parent. Ce défi est porté, dans la forme d'usage, avec la permission de l'Empereur.

Mais le jury hésite, sous l'influence des Auvergnats favorables à Ganelon. Tous, sauf deux, le recommandent à l'indulgence de Charlemagne, qui s'indigne de leur faiblesse, en s'écriant : « Vous êtes tous des traîtres ! »

Alors Thierry, duc d'Argonne, se présente. Quoique maigre, noir et de petite taille, c'est un homme de cœur. « Sire, dit-il à Charlemagne, mon sang m'oblige à soutenir votre cause. Quelque tort que Roland ait pu faire à Ganelon, l'intérêt de votre service devait l'emporter. Ganelon est coupable envers vous de félonie. Je le juge à pendre et à mourir : »

Pour ço le juz jo à pendre et à murir.

« Et, s'il y a quelque parent qui me démente, qu'il paraisse ! je soutiendrai mon jugement avec le fer de cette épée. »

— « C'est faux ! » répond Pinabel ; et il remet à Thierry son gant de la main droite. Thierry remet le sien à Charlemagne, qui lui fournit trente *pleiges* ou garants, comme Pinabel en produit trente pour répondre de sa loyauté.

Le duel judiciaire ainsi constitué par la présence des deux champions et par l'échange des garants, Ogier le Danois le proclame à haute voix. Les champions, après avoir ouï la messe et communié, duement absous, en viennent aux mains.

Dieu sait, dit le poète, quelle sera l'issue de ce duel :

Deu set asez comment la fin en ert.

Ils sont sur le pré, à peu de distance de la ville d'Aix. Démontés tous deux à la première passe, ils se joignent de près et se battent à l'épée. Un colloque s'engage entre eux : « Rends-toi, dit Pinabel. Je serai ton homme, si tu obtiens pour Ganelon le pardon de Charlemagne. » — « Non, repart Thierry, que Dieu juge le droit ! il faut que Ganelon soit puni. Mais si tu veux te rendre, je puis te remettre dans les bonnes grâces de l'Empereur. »

Après ces paroles échangées, le combat continue ; Thierry reçoit sur la tête un coup, qui descend sur sa cuirasse, et qui aurait été mortel, si Dieu ne l'eût protégé. Pinabel, atteint à son tour par l'épée de son adversaire, a son casque brisé. Sa cervelle en jaillit, et il tombe mort. Dieu a fait miracle, s'écrient les Francs :

Deus i ad fait vertud.

La trahison de Ganelon ainsi déclarée par jugement de Dieu, Charlemagne ordonne à son Viguier de le mettre à mort, ainsi que ses trente parents. Ceux-ci sont pendus. Ganelon est tiré par quatre chevaux, qu'on chasse vers une cavale dans un champ clos :

> Guesnes est mort comme fel recreant.
> Ki traïst altre, n'en est dreiz qu'il s'en vant.

Charlemagne a vengé son neveu, rétabli l'honneur de ses armes et puni le traître. Il a vaincu les Sarrasins d'Espagne ; mais il y en a d'autres sur la terre qui blasphêment le Christ. L'ange Gabriel lui apparaît pendant la nuit, lorsqu'il se repose après tant de fatigues. Il lui ordonne de la part de Dieu de conduire son armée en Syrie, pour faire lever le siége aux Sarrasins, qui serrent de près le roi Vivien dans Imphe.

L'Empereur s'afflige et s'écrie : « Dieu ! ma vie est si laborieuse : »

> Deus, dist li reis, si penuse est ma vie.

Et le poème finit par ce vers, où l'auteur a consigné son nom :

> Ci falt la geste que Turoldus declinet.

Dans ce dernier chant, où se pressent tant d'évènements et de curieux détails, tout est précieux à recueillir. Le combat de l'Émir et de Charlemagne paraît au premier plan. La mort de Marsile, au récit de sa dernière défaite, offre en quelques vers un tableau frappant de vérité et de grandeur. Quoi de plus touchant que l'épisode de la belle Alde, fiancée du grand capitaine, et qui ne veut pas lui survivre ! Quoi de plus dramatique et de plus saisissant que ce procès de Ganelon, qui s'instruit à ciel ouvert, au moyen du combat judiciaire, et avec des formes dont les moindres détails, empreints de la couleur locale et de l'esprit du temps, captivent puissamment l'intérêt. On ne trouvera dans aucun traité une description plus exacte des us et coutumes du duel. Enfin l'art du poète chroniqueur ne laisse rien d'incomplet, rien à désirer sur le sort de ses principaux personnages. Les restes des Preux sont

déposés en lieux certains. La reine Bramidonc est baptisée sous
le nom de Julienne. Une transition est ménagée à quelque autre
poème, en l'honneur de Charlemagne l'invincible et l'infatigable,
sur qui Dieu a de si grands desseins.

II.

Voilà un récit héroïque, auquel on pourra contester le nom
d'épopée ; mais il est sûr au moins que l'élément épique s'y rencontre à chaque pas ; que les procédés qui appartiennent au
genre n'y manquent point ; que ses ressorts ordinaires, les que-
relles des chefs, les dénombrements de troupes, les songes, les
combats, la mort des braves et leurs funérailles, les plaintes des
femmes, donnent à la chanson de Roland des traits frappants de
ressemblance avec l'épopée antique, soit que son auteur (qui
nomme une fois Homère) ait pu s'inspirer de l'*Iliade* et de
l'*Enéide,* soit que ces textes, enfouis dans les couvents au moyen-
âge, aient été pour lui lettres closes.

Quoiqu'il en soit, remarquons ici le caractère original de quelques-unes des fictions du poète, premiers jets de l'art chrétien,
précieux germes recueillis et fécondés plus tard par le chantre de
la *Jérusalem.* Si Théroulde a reçu des anciens, il a prêté largement aux modernes, qui l'ont certainement connu, lui ou ses imi-
tateurs, et qui l'ont pris souvent pour modèle. Il est curieux et
utile à la fois de saisir les côtés épiques de son œuvre, afin de
marquer, d'une part, les emprunts ou les points de rencontre, afin
de signaler, d'autre part, les sources nouvelles qu'il a fait jaillir.

Ce qui frappe d'abord c'est, après le choix du sujet, la forme et
la couleur du récit. Comme on distingue les hommes aux vêtements
et à l'air du visage, ainsi se révèle de prime-face le *genre* des
productions de l'esprit. Sans doute le sujet de ce poème, un, grandiose, national, n'a rien à envier aux épopées que nous admirons
aujourd'hui. L'Espagne, conquise sur les Sarrasins et rendue

chrétienne par Charlemagne, est un grand fait, avant-coureur des Croisades et de la délivrance du tombeau du Christ. Il met aux prises deux civilisations plus différentes que n'étaient celles de la Grèce et de l'Asie-Mineure, au temps d'Homère, deux races plus opposées que les Troyens et les peuples du Latium ; il offre ce double antagonisme de race et de religion, qui donne un intérêt si puissant au poème du Tasse. Il y a plus : ici le héros guerrier meurt victime de la trahison, et sa mort enfante la victoire ; idée grande et neuve, sources d'émotions inconnues des anciens. Le sujet du poème est donc incontestablement épique ; mais la forme du récit ne l'est pas moins pour quiconque a étudié quelque peu les chefs-d'œuvre du genre. La marche épique a certaines allures qui se reconnaissent au premier coup-d'œil, indépendamment des fictions poétiques et des ornements du style, qui varient suivant les lieux et les temps. « *Incessu patuit Dea.* »

Recherchant ce qu'il y a d'épique dans cette œuvre, avant de lui donner un nom, je ne dirai rien, quant à présent, de la machine du poème ; je réserve ceci pour l'appréciation finale ; mais je voudrais saisir les principaux traits par lesquels, au premier aspect, la chanson de Roland ressemble aux grandes productions de la muse épique. Voyons d'abord les caractères :

Théroulde a mis en scène, comme l'avaient fait Homère et Virgile, comme le fit après lui le Tasse, le roi, le prêtre, le guerrier, l'homme de conseil, le traître et la femme.

Le roi, comme type du commandement, c'est, d'une part, Charlemagne aussi pieux qu'Enée et Godefroy, mais supérieur en autorité aux chefs élus des grecs et des croisés ; Charlemagne, dont le pouvoir est pourtant limité par les mœurs féodales, tout absolu qu'il paraisse. C'est, d'autre part, Marsile et l'émir Baligant, en qui se personnifie le despotisme asiatique. Marsile, sans foi envers les chrétiens, loyal du reste, ne manque pas de grandeur. On retrouve en lui l'original d'Aladin, avec quelques traits du vieux Priam. Baligant, le vieil Emir de Babylone, rappelle Soliman par son orgueil et sa bravoure. Parmi ces rois s'élève la grande figure de Charlemagne, dont le commandement est bref, l'action rapide et irrésistible. Mais, s'il est vaillant, comme le peint l'histoire, il est prompt et colère ; il se fâche et menace, il s'attendrit et pleure, avec toute la mobilité d'un personnage de légende. On le voit s'arracher la barbe de colère, ou pleurer comme un enfant ; combien est plus grave et plus digne la contenance de Godefroy de Bouillon, qui dérobe à tous les yeux les mouvements de son âme !

A la différence de Calchas et de Laocoon, ces deux sacrificateurs de l'épopée antique, l'archevêque Turpin, dans la chanson de Roland, représente le prêtre-guerrier. Les mœurs féodales, (du moins au temps où fut composé ce poème) autorisaient cet usage, quelque étrange qu'il nous paraisse aujourd'hui. Tout vassal, même évêque, tenu pour son fief, devait suivre son seigneur à la guerre, et l'homme de Dieu pouvait, sans scandale, passer de l'autel aux combats. Ne voyons-nous pas, dans la Jérusalem, deux évêques français, Guillaume et Adhémar, fournir à l'armée des croisés leur contingent de troupes et leurs personnes ? Guillaume célèbre la messe avant l'assaut, et Adhémar est blessé d'une flèche dans le combat qui se livre ensuite. On peut douter toutefois qu'ils aient pris part à la bataille, et il est certain que Pierre l'Hermite, qui entraîne les croisés, qui les enflamme de sa parole enthousiaste, ne combat point de sa personne à leur tête. Il n'en est pas ainsi de l'archevêque Turpin que notre poète représente franchement comme un prêtre-soldat, altéré du sang des infidèles. Il y a dans ce caractère un singulier mélange de prudhommie et de férocité guerrière. Il confesse et absout les troupes en leur enjoignant, comme pénitence, de bien frapper.—Mais on cherche en vain du côté des Sarrasins, le pendant de ce personnage ; on ne trouve que deux lignes sur un sorcier nommé Siglorel, qui a visité l'enfer, conduit par les maléfices de Jupiter ; mention faite en passant, et qui ne peut avoir donné au Tasse l'idée de l'enchanteur Ismène.

L'homme de guerre a son rôle nécessaire et sa place marquée dans les camps, s'il est vrai que l'expérience des vieillards est tou-

jours en honneur auprès des chefs. Tel se montre à côté de Charlemagne le duc Naismes, aussi prudent que le sage Nestor, aussi dé-
voué à son maître que le fidèle Achate. Il doit aussi avoir la bravoure d'un soldat blanchi sous les armes. Théroulde, avec les sûrs
instincts du vrai poète, a formé de ces traits le caractère de Naismes.
Comme Raymond de Toulouse, il serait victime de son courage, si
Charlemagne ne venait le sauver de la mort, de même que le vieux
comte est protégé par son ange gardien contre la force supérieure
d'Argant. Blancandrin, envoyé de Marsile, diffère peu d'Argant,
qui apporte dans un pli de sa robe la paix ou la guerre. L'émir de
Babylone mène avec lui un homme d'expérience et de bon conseil;
car il consulte, dans le feu des batailles, Jangleu d'Outremer, qui
ne craindra pas de lui répondre : « Sire, vous êtes mort; vos Dieux
ne pourront vous sauver ! »

Les guerriers, dans la chanson de Roland, sont des personnages
vraiment épiques, des caractères tracés de main de maître. Roland
et Olivier, frères d'armes comme Achille et Patrocle, jouissent d'une
renommée plus populaire. Renaud lui-même et Tancrède sont moins
connus dans la patrie du Tasse. Qui n'a entendu parler des douze
Pairs et d'Ogier le Danois? Il est vrai que leurs adversaires n'ont
pas la gloire d'un Hector, d'un Turnus, ou d'une Clorinde ; que
les noms d'Aelzoth, Falsaron, et Jurfaleu sonnent mal après ceux
de Pâris et Sarpédon, de Mézence et Camille ; mais lorsque la légende n'a rien fait pour la gloire des Sarrasins, lorsque nos pères
les ont vaincus sans vouloir les connaître, sans rien prendre de leur
langue, ni s'enquérir de leurs lieux d'origine, (leurs connaissances
géographiques à cet égard sont à peu près nulles) était-il donné à
notre poète de leur créer un renommée combattue par l'esprit du
siècle ? — Il a pourtant dessiné fièrement la figure de Baligant, et
fait en quelque sorte sur lui l'épreuve de sa puissance créatrice.
Les tendances du siècle ont été plus fortes, et Baligant, ce type im-
posant de la grandeur des Sarrasins, cet homme de grand cœur,
qui semble un moment balancer la fortune de Charlemagne, est
tombé dans l'oubli.

Un caractère tracé avec plus d'ampleur, et plus habilement suivi, parce qu'il tient au sujet même, c'est celui du traître. Ganelon
n'est pas un artisan de fraude comme Ulysse, un fourbe comme
Sinon, mettant la ruse et l'imposture au service du patriotisme.
C'est un traître de la pire espèce, un homme qui vend son pays et
fait massacrer des milliers de Français avec ses frères d'armes, par
haine ou jalousie d'un seul. La duplicité grecque n'a jamais rien
produit de pareil. C'est un type tout neuf, livré par la tradition à
nos vieux poètes, et nul n'a su mieux que Théroulde en tirer parti.
Dans cette nature envieuse et méchante, il y a quelques belles
parties : Ganelon est bien fait de sa personne, intelligent et adroit
aux armes. Il a des amis et trouvera des champions pour le défendre. Devant le roi maure, il soutient, en paroles du moins,
l'honneur de la France. Mais plus il a de qualités extérieures, plus
sa trahison paraît odieuse, n'étant provoquée ni par un danger
personnel, ni par quelque offense impardonnable. L'envie, la basse
envie, en est la seule cause. Théroulde a mis en relief ce caractère
à faces multiples avec une finesse de détails qui suppose un art
déjà très avancé. Le rôle de Ganelon, qui tient une si grande place
dans le poème, est d'une composition savante et fort dramatique,
bien supérieur à celui du gascon Rembauld, traître aussi et de plus
apostat, mais personnage secondaire, que le Tasse a dû laisser sur
l'arrière plan.

Au traître Ganelon le poète oppose, par un beau contraste, un
chevalier loyal et brave, Thierry, duc d'Argonne, qui paraît à la
fin du poème pour châtier le coupable à l'aide de Dieu. Vassal
fidèle et généreux champion, Thierry agit et parle comme un
preux. Il ne fait que passer ; mais il a des traits si frappants qu'on
ne peut l'oublier après l'avoir vu.

Dans cette galerie de personnages épiques nous n'avons pas encore vu de femme. Le moine poète (1) aurait-il pensé que son récit

____

(1) On croit que Théroulde, normand, et compagnon de Guillaume le
Conquérant, fut abbé de Pétersborough.

douvait se passer d'héroïnes et d'une source d'intérêt peu compatible avec la sévérité de ses peintures? Il est vrai du moins qu'il en fait un très sobre usage, au rebours du roman de chevalerie, où les dames ont un rôle actif et principal. Il n'en met en scène que deux, la reine Bramidone, femme de Marsile, et la jeune Alde, fiancée de Roland. C'est l'épouse et l'amante, aussi différentes de races que de caractères, touchées l'une et l'autre avec une variété de tons remarquable. La femme du roi maure montre en toute occasion sa nature vive et impressionnable. Elle assiste, auprès de son époux, à la réception des ambassadeurs. Elle prend part aux conférences, pressent les revers, et en porte la première nouvelle au malheureux Marsile, qui ne peut y survivre. Son affliction n'aura de remède que dans sa conversion à la foi chrétienne. Si cette vie extérieure, interdite aux femmes de l'Orient, paraît choquer un peu le costume, il faut observer que tout se passe au fond du palais, loin des regards profanes, et que d'ailleurs le chantre d'Armide et d'Herminie a commis la même faute, qui lui a été pardonnée. Bramidone est prise dans la nature. Ses plaintes bruyantes trahissent à la fois l'affliction de l'épouse et la faiblesse de la femme. D'un autre côté quelle suavité dans le portrait de la jeune fille ! Alde qui ne paraît un instant que pour mourir après quelques mots jaillis du cœur, Alde plus pure que Francesca et non moins touchante, est une création exquise de l'art.

Si l'on entre maintenant dans les détails de la fable, si l'on aborde quelques-unes des parties constitutives du récit, on y trouvera encore l'élément épique employé, au su ou à l'insu de l'auteur, à peu près comme il l'avait été avant lui, et comme il le fut depuis. La comparaison sur quelques points offrira de curieux résultats.

Nous voyons d'abord les chefs tenir conseil. Les offres de paix faites par Marsile ne sont qu'un piége, et Roland conseille de les rejeter. Il est contredit par Ganelon, qui le taxe d'orgueil et de folie. Le sage Naismes est aussi d'avis qu'il y aurait faute à refuser les ôtages offerts par Marsile, et à prolonger les maux de

4

la guerre. Les Français acclament, et Charlemagne se décide à envoyer à Sarragosse les conditions de la paix.

Dans Homère, Priam fait aussi proposer la paix aux Grecs, avec offre de rendre, à l'exception d'Hélène, toutes les richesses que Pâris a emportées d'Argos avec elle. Ces offres, quoique sincères, sont repoussées par Diomède, et les Grecs ayant confirmé cet avis par un murmure d'assentiment, Agamemnon dit au héraut, qui a fait le message : « Idée, vous avez entendu la réponse des Grecs ; c'est aussi la mienne. »

La ressemblance de ces deux scènes est frappante ; mais combien il y a plus de passion et d'intérêt dramatique dans la première, où l'on voit un message perfide, un conseil dicté par la haine, et le germe d'un grand désastre! La scène est courte et vive. Ganelon soutient contre Roland qu'il ne faut pas rejeter les propositions de Marsile :

> Ki ço vos lodet que cest plait degetuns
> Ne li chalt, Sire, de quel mort nus murions.
> Counsel d'orguill n'est dreiz que a plus munt.
> Laissuns les fols, as sages nus tenuns.

> *Qui vous loue de ce que nous aurons rejeté ces offres,*
> *Il ne lui chaut, Sire, de quelle mort nous périssions.*
> *Il n'est bon que conseil d'orgueil l'emporte.*
> *Laissons les fous, attachons-nous aux sages.*

Le sage Naismes appuie cet avis ; les Français acclament, et Charlemagne cède enfin :

> Seignurs baruns qui i enveiernus
> En Sarraguce, al rei Marsiliun ?

Le Tasse, dans une situation analogue, l'emporte sans doute en pompe grandiose et en luxe d'images. Tout le monde connaît le conseil militaire tenu par Godefroy, où, en présence des deux messagers Sarrasins, s'agite la question de paix ou de guerre. L'habileté insinuante d'Alète, la franchise de Bouillon, la rudesse d'Argant qui s'avance et montre, dans un pli de son manteau, la paix ou la guerre, les cris des troupes à la vue de cette bravade, et la réponse du chef des croisés : « Dites à votre roi que nous acceptons la guerre dont il nous menace, et que s'il tarde à venir , il nous attende sur les bords du Nil. » Tout cela forme un tableau admirable, mais n'efface point l'originalité du poète normand, lorsqu'il nous montre, dans un cadre restreint, l'astuce et la loyauté s'accordant pour donner un conseil qui aura des suites funestes.

La chanson de Roland offre à son début, comme l'Iliade, une querelle entre deux chefs, mais l'inaction d'Achille , toute volon - taire, est une vengeance digne de ce héros. L'exil de Renaud prive l'armée de son bras invincible. Le jeune guerrier s'éloigne, et ne s'abaisse point jusqu'à la trahison. Si tous deux s'abstiennent de combattre, les maux qui résultent de leur absence ne sont pas , à proprement dire , leur fait, et ils pourront s'y croire étrangers ; tandis que Ganelon, dans son activité pernicieuse, travaille lui-même à perdre son ennemi, au risque de blesser au cœur sa nation toute entière.

Roland, après s'être offert d'abord pour porter au roi Marsile les conditions de paix dictées par Charlemagne , a désigné Ganelon , son beau-père, qui voit le danger de cette mission, et ne peut la refuser. Il s'emporte et déclare qu'il lui en voudra toute sa vie. Roland le taxe à son tour d'orgueil et de démence , et se justifie par ces mots : J'irai pour vous. — Non, répond l'autre , vous n'êtes point mon homme ni mon vassal. Je ferai ce que l'Empereur m'ordonne ; mais je ne partirai qu'après avoir laissé ma colère se dissiper. — Sur quoi Roland s'étant mis à rire, Ganelon en fureur dit au comte : Je ne vous aime point.

> Quant ço vit Guesnes que ore s'en rit Rollant,
> Donc a tel doel pour poi d'ire ne fend ,
> A ben petit que il ne pert le sens.
> E dit al cunte : Jo ne vus aim nient !

> *Lorsque Guesne voit Roland rire de lui ,*
> *Il est piqué au vif, peu s'en faut qu'il n'éclate de colère ;*
> *Bien peu s'en faut qu'il ne perde l'esprit.*
> *Il dit au comte : Je ne vous aime point.*

La dispute entre Achille et le fils d'Atrée, dans Homère, est bien plus développée, plus ardente des deux parts, plus féconde en invectives et en injures. Achille reçoit un affront et un dommage sensible par la perte de Briseïs, sa captive. Sa colère a une juste cause, qui manque à Ganelon, et elle éclate avec violence; car il est assez fort pour résister en face au maître de la Grèce. Agamemnon lui répond comme Roland à son beau père : « Je méprise tes menaces, et ne m'en soucie.

>   .   .   . Selhen d'ego ouk aleghizô,
> Oud' othomai koteontos.

Au lieu de tirer l'épée, Ganelon se contente de quelques paroles vives où respire une haine envenimée.

Voici maintenant un ressort neuf et tout à fait épique, non pas un stratagème de guerre, semblable à l'enlèvement du Palladium ou à la ruse de Sinon, non pas une machination contre l'ennemi, mais un pacte avec l'ennemi lui-même, une trame savamment ourdie par l'esprit de haine et de vengeance. Je ne sache pas que, hormis peut-être la félonie du transfuge Raimbaud, personnage épisodique et secondaire, l'épopée antique ou moderne en offre un autre exemple. Ici la trahison apparaît au premier plan, et la manière dont elle est amenée, nouée, scellée enfin par un pacte formel, les premières semences jetées en chemin dans l'esprit de Ganelon, en présence de Marsile, pour irriter et empêcher tout accord, l'aggravation des conditions de paix imposées par Charlemagne, l'adresse avec laquelle il se rend ainsi nécessaire, jouant sa vie pour sa vengeance, l'entretien secret qui s'ensuit, où Marsile sonde l'ambassadeur, où celui-ci proteste qu'il ne désertera point son drapeau, mais insinue par quel moyen on peut se défaire de Roland, seul obstacle à la paix, ces marches et contremarches si habiles, la pensée du traître s'échappant enfin par le conseil donné au roi Maure d'acheter à tout prix la retraite de Charlemagne et d'attaquer ensuite son arrière-garde, où Roland se trouvera et périra infailliblement ; tout cela, joint aux caresses de Marsile, au serment de forfaiture prêté par Ganelon sur les reliques de son épée, aux présents qu'il reçoit des principaux chefs, ce qui met le dernier sceau à la trahison ; tout cela, dis-je, compose un tableau plein de mouvement et d'intérêt, où le poète du XIe siècle déploie un art vraiment digne d'admiration.

Voyez comme Ganelon pousse à bout la patience du roi :

> Si cest acorde ne vulez otrier,
> Pris e liez serez par poested ;
> Al siege ad Ais en serez amenet.
> Par jugement serez iloce finet.
> La murrez vus a hunte e a vilted.

> *Si vous ne voulez consentir à cet accord,*
> *Vous serez pris et lié de force ;*
> *Vous serez conduit à Aix, siége de l Empire.*
> *Là vous serez condamné par jugement.*
> *Là vous mourrez d'une mort vile et honteuse.*

Voyez comme Marsile, qui s'est levé de son trône pour le percer de son javelot, regrette ce premier mouvement, et lui dit :

> ..... Guesnes, per veir sacez,
> En talent ai que mult vos voeill amer.
> De Carlemaigne vos voeill oïr parler ;
> Il est mult vielz, si ad sun tens uset.
>
> . . . .
>
> Quant ert il mais recreanz d'osteier ?
>
> ..... *Guesnes, tenez pour vrai*
> *Que j'ai à cœur et grand désir de vous aimer.*
> *Je veux vous entendre parler de Charlemagne.*
> *Il est bien vieux, et il a fait son temps.*
>
> . . . .
>
> *Quand sera-t-il enfin las de guerroyer ?*

Ganelon répond : jamais tant que Roland vivra ; mais je ferai en sorte qu'il soit à l'arrière-garde, quand vous l'attaquerez :

En dulce France s'en repairat li reis ;
Sa rere-garde lairra derere sei ;
Iert. i sis nies li quens Rollans, ço crei,
E Oliver li proz e li curteis ;
Morz sunt li cunte, si est ki mei en creit.

Le Roi s'en retournera au doux pays de France.
Il laissera derrière lui son arrière-garde,
Où sera, je pense, le comte Roland, son neveu,
Avec le preux et courtois Olivier.
Le comte est mort, si l'on m'en croit.

Et ailleurs :

De quelque soit Rollans n'estroestrat mie.

Comme que ce soit, Rolland ne s'en tirera point.

Car c'est à ce but que tendent toutes les pensées de l'envieux.
Meurent cent mille Français, il n'importe, pourvu qu'il soit délivré
d'un homme dont la gloire l'offusque et l'importune.
Le pacte est formulé dans ces termes :

La traïsun me jurez, s'il i est ?
— Ço respunt Guesnes : Issi seit cum vus plait.
Sur les reliques de s'espée Murgleis
La traïsun jurat. Si s'est forsfait.   Aoi.

Vous me jurez de trahir, s'il y est ?
Guesne répond : Qu'il en soit comme il vous plaît.
Sur les reliques de son épée Murgleis
Il fit le serment de trahison. Ainsi fut consommée la forfaiture.

Dans tout poème où l'on chante les combats, la revue des
troupes est une partie essentielle de la narration. La poésie épique
semble ne pouvoir s'en passer. On trouve dans l'*Iliade* un cata-

logue des vaisseaux , avec les noms des chefs ; dans Virgile, une
description de l'armée des Latins ; et le Tasse n'a point omis le
dénombrement des Croisés par ordre de nations et de bannières,
ni le tableau des forces auxiliaires , envoyées d'Egypte sous le
commandement d'Emiren. Le caractère héroïque de la chanson
de Roland se reconnaît encore à ce signe ; mais il faut avoüer
qu'ici le poète normand ne peut soutenir le parallèle avec ses
devanciers, et qu'il a été bien dépassé par le chantre de la *Jérusalem*. Nous voici ramenés à l'enfance de l'art. Marsile passe la
revue de ses troupes , qui défilent devant lui avec leurs chefs et
leurs bannières. Chacun des chefs est peint en quelques vers , et
dit son mot en saluant le roi maure. Rien de plus uniforme que
cette énumération. Il en est de même du tableau de la grande
armée de Baligant qui la range en bataille. On ne trouve là qu'une
sèche nomenclature , un amas de noms barbares et de pays in-
connus dont la plupart n'existe pas sur la carte. Encore le poète
s'arrête-t-il en chemin, comme dégoûté lui-même de la sécheresse
de son catalogue. Il n'est guère plus animé (à part l'intérêt qui
s'attache aux lieux) dans la description qu'il fait de l'armée des
Francs, quoiqu'il doive mieux la connaître, et il se borne à quelques détails sur les armures. Aux douze Pairs de Charlemagne il
oppose douze chefs Sarrasins, avec le chiffre exact des hommes
que chacun d'eux commande. Du reste rien ne rachète la mono-
tonie de ces détails. Point d'Hélène qui signale avec émotion du
haut des tours et montre du doigt des personnages qu'elle connaît
trop bien ; point d'Herminie qui cherche des yeux, qui trouve
parmi les capitaines l'objet secret de ses vœux. Toutefois il y a
dénombrement suivant les règles du genre, et il faut constater
encore ici l'élément épique.

Mais c'est dans les songes, présages de l'avenir, que se manifeste la force originale de Théroulde, et son invention poétique.
Si Homère, Virgile et le Tasse l'emportent sur lui pour la couleur,
peut-être ne lui est-il pas inférieur pour la puissance de l'effet.

Charlemagne rêve que Ganelon saisit sur lui sa lance de frêne, aux défilés de Sizer, et qu'il la rompt en éclats. Quelle vive image de la mort de Roland, bras droit de l'Empereur, dont la perte est jurée! — Il se voit ensuite assailli par un verrat, qui le mord au bras, et par un léopard des Ardennes. Il est secouru par un lévrier, qui tranche l'oreille du verrat, et qui ne craint pas de combattre le léopard. Quelle annonce claire de la blessure qu'il recevra du même coup dont Roland doit périr, et de l'appui prêté à Ganelon par son ami Pinabel, et du défi de Thierry, descendu en champ clos pour soutenir la cause de l'Empereur! — Une autre fois Charlemagne rêve qu'au milieu des éclats du tonnerre, sous la pluie et la grêle, des ours, des serpents et une multitude de monstres s'élancent sur les Français qui lui crient à l'aide! et qu'il est empêché de les secourir par un lion avec lequel il engage une lutte acharnée. N'assistons-nous pas d'avance à la défaite de Roncevaux, et au grand combat de l'Empereur avec l'Emir de Babylone? — Enfin voici un dernier songe, qui le transporte à Aix, lieu ordinaire de sa résidence, et lui fait voir trente ours, sortis de la forêt des Ardennes. Un lévrier s'élance de son palais et attaque le plus grand de ces animaux *parlants;* car il lui semble entendre des paroles distinctes, comme il entendra les trente amis de Ganelon s'offrir à lui comme témoins dans le combat judiciaire, où Thierry fera mordre la poussière à Pinabel. Ces divers songes frappent d'autant plus l'imagination qu'ils laissent tous habilement dans l'ombre un coin de la vérité. Charlemagne se réveille toujours avant d'avoir vu l'issue du combat: Me trompé-je en disant que les anciens n'avaient pas connu ce secret de l'art?

Au vingt-troisième chant de l'*Iliade*, Achille voit en songe l'ombre de son ami Patrocle qui lui demande la sépulture. Dans Virgile, Hector apparaît à Enée pour lui annoncer que le dernier jour de Troie est venu; qu'il ne lui reste qu'à sauver ses dieux et ses pénates. Le Tasse a aussi un songe d'un grand effet. Argillan voit le jeune Renaud sans bras et sans tête, qui accuse Godefroy de sa mort et lui conseille de fuir pour éviter un sort pareil au sien. Lisons et relisons dans les textes ces admirables morceaux ; mais ne refusons pas à Théroulde la gloire d'avoir produit, avec une palette moins riche et dans un siècle barbare, des tableaux aussi fortement dessinés.

Dans les combats, où se plaît la poésie héroïque, les dispositions savantes des généraux, l'horreur et la confusion des mêlées, conviennent peu à la muse. Il faut à ses pinceaux des luttes d'homme à homme, des actions d'éclat et des scènes émouvantes. Ainsi les harangues des chefs, les colloques des combattants, la mort et les funérailles des braves, les derniers adieux de leurs compagnons d'armes, sont la partie épique des poèmes où domine le récit des batailles. On retrouve ces grands traits dans les chefs-d'œuvre qu'a consacrés l'admiration des siècles ; et le plaisir de les comparer sous ce rapport, au point de vue de l'invention, de l'expression des sentiments, de la grandeur des images, n'est pas une des moindres jouissances que nous cause leur lecture. Or il y a de tout cela dans la chanson de Roland. Le génie du poète chrétien s'y est déployé sur un terrain vierge, qui lui a fourni des beautés neuves et sans modèle.

Les harangues sont courtes, énergiques et empreintes d'une simplicité rude. Les colloques ne sont le plus souvent qu'un défi jeté en passant, suivi d'une réponse en deux mots et d'un coup d'épée ; mais ils ont quelquefois plus d'étendue, lorsqu'ils précèdent un événement grave et décisif, comme au moment où Charlemagne et Baligant se joignent, et dans l'épreuve finale du jugement de Dieu. Hector et Achille échangent aussi des discours avant de combattre. Turnus implore Enée avant de recevoir le coup mortel. Observons que les héros du moyen-âge ont dans Théroulde un langage moins inhumain. L'Empereur et l'Emir ne se demandent l'un à l'autre qu'un changement de culte. « Reçois, « dit Charlemagne, notre loi chrétienne ; crois le Dieu tout-puis- « sant, et je t'aime à toujours. » De même, au fort de leur combat en champ clos, Pinabel et Thierry s'interpellent, et cherchent à faire cesser la lutte par un arrangement qui puisse ne rien coûter à leur honneur. La différence des temps et des mœurs modifie les situations et fait naître des sources nouvelles d'intérêt.

La mort dês braves a fourni à la poésie épique ses plus riches développements. Il faut voir comment meurent les guerriers dans Homère et Virgile, avant d'étudier sur ce point la manière de Théroulde. Le Tasse et, d'autres modernes appartiennent à la même école, et l'on peut dire qu'ils ont été inspirés de son esprit, s'ils n'ont été ses disciples.

Patrocle est tué par Hector, qui le dépouille de ses armes. Avant de mourir, il cherche à rabaisser la gloire de son vain-queur : « Ce sont les Dieux, dit-il, qui t'ont donné la victoire. « Euphorbe m'avait blessé par derrière avant toi. » Il lui annonce qu'il périra bientôt lui-même sous les coups d'Achille. Comme il achève ces mots, les ombres de la mort couvrent son visage ; et son âme, quittant ses membres, dont elle regrette la force et la jeunesse, s'envole gémissante dans les Enfers :

> Psuchè d'ek retheôn ptamenè aïdosde bebèkei,
> On potmon gooôsa, lipoûs' androtèta kai hèbèn.

Hector, en mourant, se plaint de la destinée plus forte que les dieux. Il s'entend dire par Achille qu'il ne rendra point son corps, fût-ce à Priam lui-même; qu'il voudrait plutôt dévorer ses chairs crues, pour se venger des maux qu'il lui a faits. Il expire en pen-sant que son corps sera la proie des chiens et des vautours, et ses dernières paroles sont une prédiction de mort pour son ennemi.

Ces traits de férocité sont déjà bien adoucis dans l'*Enéide ;* car si la vue du baudrier de Pallas refoule dans l'âme d'Enée les sentiments de pitié que les soumissions de Turnus y avaient fait naître, le roi des Rutules avait été moins dur envers l'ami du prince troyen. « Informe Evandre, avait-il dit, que je lui

« renvoie le corps de son fils, qui recevra tous les honneurs
« funèbres. »

> . . . . Qualem meruit Pallanta remitto.
> Quisquis honos tumuli, quidquid solamen humandi
> Largior.

Combien la mort des preux, dans les temps chevaleresques, est
plus dramatique et plus belle! Voyons, dans la chanson de Roland,
les derniers moments de quelques-uns des principaux personnages.

Marsile est revenu du combat le poing coupé, après avoir vu
son fils périr à ses côtés, et son armée en pleine déroute. Il est
couché dans son palais, et la Reine vient lui annoncer que l'Emir
de Babylone, venu à son secours avec des forces immenses, a été
vaincu par Charlemagne. A cette nouvelle, qui lui ôte son dernier
espoir, l'infortuné monarque, sans dire mot, se tourne contre la
paroi de son lit, pleure, et meurt de douleur :

> Quant l'ot Marsilie, vers sa pareit se turnet,
> Pluret des oilz, tute sa chère embrunchet,
> Morz est de doël.

Quelle simplicité! quelle vérité! mais il y a de plus une fermeté
calme, un mélange exquis de bravoure et d'humilité sainte, et
comme un parfum céleste dans la mort des chevaliers chrétiens.

Olivier, comme Patrocle, a été frappé par derrière; mais il se
prépare autrement à mourir. Le poète nous le montre à genoux, les
yeux levés au ciel et les mains jointes. Il demande pardon à Dieu
de ses fautes. Il bénit son empereur, la France et Roland son compagnon d'armes, avant d'expirer.

> Descent a piet, a la terre se culchet
> Durement en halt. . . . . . .
> Morz est li quens, que plus ne se demuret.

> *Il met pied à terre, et se couche sur le sol*
> . . . .
> *Olivier est mort, sans remise.*

Ce qui se passe entre l'archevêque Turpin déjà aux abois et Roland blessé à mort ne ressemble à rien de ce qu'on trouve dans l'épopée antique. Les deux héros se prêtent mutuellement secours, dans leur détresse, et se rendent en quelque sorte les derniers devoirs. Roland, après avoir bandé les plaies de l'archevêque, va chercher sur le champ de bataille les corps des paladins, et les range, pour lui faire honneur, autour du prêtre-guerrier. Epuisé par cet effort, il tombe, et Turpin se lève à son tour pour aller à une source voisine. Il veut jeter un peu d'eau sur le visage de son ami; mais ses genoux fléchissent, et son corps va mesurer la terre.

> Si priest Deus que pareis lui duinst.
> Morz est Turpins, le guerrier Carlun.
>
> *Il prie Dieu de lui donner son paradis.*
> *Turpin est mort, le brave guerrier de Charlemagne.*

C'est à décrire la mort de Roland que Théroulde a appliqué toute la force de son génie. Dans ce magnifique tableau, qui tient une grande place dans son plan, il y a des trésors de poésie et des beautés du premier ordre. Comme les moindres détails intéressent et captivent l'esprit, depuis le moment où le héros chancelle, accablé par le nombre, jusqu'à ce qu'il rende son âme à Dieu ! Le choix qu'il fait lui-même de son lit de mort, son évanouissement dont profite un Sarrazin pour lui dérober son épée, le mouvement de sa main qui sent l'insulte et qui la venge, son apostrophe touchante à Durandal, qu'il a vainement essayé de rompre, de peur qu'elle ne tombe entre les mains des infidèles, ses élans de cœur vers la France et ses chers amis, les souvenirs de sa jeunesse et de ses faits d'armes, son attitude de conquérant tourné vers l'ennemi, puis encore ce noble geste, qui offre à Dieu le gant du chevalier en signe d'hommage, et l'apparition de l'ange qui le reçoit, et sa confession suprême, et la prière qui s'exhale de ses lèvres avec son dernier souffle, tout cela est grand, neuf et profondément senti. Il est difficile de concevoir une scène plus pathétique, et d'un art plus achevé. Pour ne point l'affaiblir, il faudrait la citer tout entière.

Morz est Rollans ; Deus en ad l'anme es cels.

Il semble que le Tasse ait imité ce morceau dans son récit de la
mort de Suénon, qui tombe comme Rolland, accablé sous le nombre,
dans une attaque soudaine des Sarrazins. Il nous le montre gisant
sur le sol, le visage tourné vers le ciel, serrant de la main droite
son épée nue prête à frapper, l'autre posée sur son cœur, comme
s'il demandait pardon à Dieu :

> Chiusa la destra, e'l pugno avea raccolto,
> E stretto il ferro, e in atto di ferire.
> L'altra sul petto, in modo umile e pio
> Si posa, et par che perdon chieggia a Dio.

Il restait à peindre le Preux des temps chevaleresques mourant
de vieillesse dans son lit, et l'art chrétien n'a point reculé devant
cette peinture. Nous en avons un bel exemple dans une des romances qui ont été composées sur le Cid :

« Qu'a-t-il dit, le terrible Campeador? Il est étendu dans son lit,
plus faible qu'un enfant. Il n'a plus de tête et de voix que pour
demander à voir son cheval Babieça... Il vint le noble coursier du
héros. On le fit entrer, et lorsqu'il vit les vieilles et vénérables
bannières, inclinées sur le corps de son maître, il sentit que les
courses de la gloire étaient finies. Son maitre a voulu le voir et ne
peut lui rien dire : — Fifres, clairons et trompettes, éclatez maintenant, étouffez le cri des femmes. Accompagnez l'âme du guerrier.
La voilà partie ! »   (*Trad. du Romancero.*)

L'éloge du guerrier, qui a succombé sur le champ de bataille, est
encore un des ornements du poème épique. Chez les anciens il fait
partie des funérailles ; dans la chanson de Roland, il n'attend pas
l'heure où les honneurs suprêmes sont rendus au brave, et il arrive souvent qu'au lieu même où il est tombé, sur son corps à peine
refroidi, un frère d'armes prononce les derniers adieux, paroles
qui semblent accompagner son âme jusqu'au ciel. Sous cette forme,

les adieux sont courts et rapides comme les premiers élans du cœur ; mais ils sont plus développés et sentent plus le panégyrique, lorsqu'ils se joignent aux funérailles. Ces différences doivent être remarquées dans Théroulde. Roland, qui loue en quelques vers Olivier et l'archevêque, est loué lui-même plus largement et à divers points de vue par Charlemagne, lorsque celui-ci lui rend les derniers honneurs. Un trait suffit pour l'éloge d'Olivier : Nous avons été ensemble longtemps, et tu ne me donnas jamais lieu de plainte, ni moi à toi :

> Sire compaing, tant mar fustes hardiz.
> Ensemble avuns ested e anz e diz,
> Ne m'fesis mal, ne jo ne l'te forfis.
> Quant tu es morz dulur est que jo vifs.

> *Sire compagnon, vous fûtes malheureusement trop hardi.*
> *Ensemble nous avons été ans et jours.*
> *Tu ne m'as point fait de mal, et je n'ai point forfait à toi,*
> *Lorsque tu es mort, ce m'est douleur de vivre.*

Mais quels beaux et riches développements dans les adieux de Charlemagne à son neveu ! Il les reprend à quatre fois, interrompu par ses larmes : — C'était un capitaine sans pareil — Comme vont déchoir ma force et mon audace ! — Que dirai-je à Aix à ceux qui me verront revenir sans lui ? — Puissé-je mourir après un coup aussi funeste à la France !

> Ami Rollans, de tei ait Deu mercit !
> Une nuls hum tel chevaler ne veit.
> . . . .
> Cum decarrat ma force e ma baldur !
> N'en aurai ja ki sustinget m'onur.

> *Ami Roland, que Dieu te fasse merci !*
> *Jamais il ne s'est vu un tel chevalier.*
> *. . . . .*
> *Comme ma force et mon audace vont déchoir !*
> *Je n'aurai personne qui soutienne comme lui mon honneur.*

Ami Rollans, prozdoem, juvente bele,
Cum jo serai ad Ais, en ma chapelle,
Vendront li hume, demanderunt noveles.
Je s'leur dirai merveilluses e pesmes:
Morz est uns nies ki tant me fist conquerre.

Ami Roland, jeune preux, beau chevalier,
Quand je serai à Aix, en ma chapelle,
On viendra me demander des nouvelles ;
J'en donnerai de bien étonnantes et de bien mauvaises :
Il est mort mon neveu, qui me fit conquérir tant de terres.

Ami Rollans, de tei ait Deus mercit !
. . . .
Ço duinset Deus, le fils Sancte Marie,
Einz que jo vienge as maistres porz de Sizer
L'anme del cors me seit oi departie !

Ami Roland, que Dieu te fasse merci !
. . . .
Que Dieu, le fils de Marie, m'accorde cette grâce,
Qu'avant mon arrivée aux passages de Sizer,
Mon âme soit aujourd'hui séparée de mon corps !

Comparez à ces touchants adieux le cri sauvage d'Achille qui
promet à son ami Patrocle, pour réjouir ses mânes, de livrer Hector
aux vautours, et d'égorger sur son bûcher douze jeunes Troyens.
—« Le feu les dévora tous avec lui. » Quel effroyable gage d'amitié !

Virgile montre aussi les captifs qui doivent être immolés, suivant une coutume barbare, aux funérailles de Pallas; mais il se
garde bien de gâter, par cette image repoussante, les pathétiques
adieux qu'il met dans la bouche d'Enée. Son discours est un modèle de sentiment, où rien n'est oublié de ce qui peut relever
la gloire du guerrier, et consoler son vieux père. Jamais peut-être
la douleur n'a eu d'accents plus harmonieux; mais les formes
naïves de Théroulde, avec moins de perfection de style, ont, si
j'ose le dire, plus de charme. A la formule antique *æternum vale*

le poète chrétien substitue ce vœu : *Que Dieu reçoive ton âme en son saint Paradis !* Le Tasse, dans une occasion semblable, a porté plus loin l'esprit religieux; car il fait parler ainsi Godefroy sur la tombe de Dudon : « Si tu meurs sur la terre, tu renais « dans le ciel... tu es mort comme tu as vécu, en chevalier chré- « tien. Jouis maintenant, âme bienheureuse, de la vue de Dieu... « après avoir combattu pour nous avec des armes mortelles, pro- « cure-nous les armes célestes, qui nous donnent la victoire »

> . . . se muori nel mondo, in ciel rinasci ;
>
> . . . .
> Vivesti qual guerrier cristiano e santo ;
> E come tal sei morto : or godi e pasci
> In Dio gli occhi bramosi, o felice alma !
>
> . . . .
> È come a nostro prò veduto abbiamo
> Ch'usavi, nom già mortal, l'arme mortali ;
> Così vederti oprare anco speriamo,
> Spirto divin, l'arme del ciel fatali.

Ces idées purement mystiques remplissent les trois stances que le Tasse a consacrées à Dudon, sans qu'on y trouve aucun détail de ses faits d'armes. Théroulde, en mêlant dans l'éloge de Roland les affaires du monde aux choses du ciel m'affecte davantage : *Nil humani a me alienum puto.*

Aux hommes, aux chefs militaires appartient le devoir d'adres-ser aux héros ces adieux solennels ; mais les lamentations des femmes viennent dans l'épopée, ajouter à l'effet du tableau. On connaît les plaintes d'Hécube et d'Andromaque, auprès du charriot qui rapporte les restes d'Hector. Rien de plus touchant sans doute que les regrets de l'illustre veuve, qui se voit désormais sans appui, elle et son fils, exposés tous deux à d'indignes traitements. Elle n'a pas vu son mari lui tendre la main en mourant ; elle n'a pas entendu ses dernières paroles, comme l'exprime si bien le texte grec :

Ou gar moi thnescòu lecheòn ek cheîras orexas;
Oute ti moi eîpes pukinon epos. . . . . .

(Iliad. 24-744).

Théroulde a décrit aussi la douleur des femmes, celle de l'épouse et de l'amante, au palais du roi maure, et à la cour de Charlemagne :

A la vue de son époux vaincu et grièvement blessé, la reine Bramidone s'écrie :

> Que deviendrai duluruse cattive ?
> E lasse ! que n'ai jo un hume ki m'ociet ?

> *Que deviendrai-je, dolente captive ?*
> *Hélas ? que n'ai-je un homme qui me tue !*

« Ah malheureuse ! dit-elle ensuite à l'Emir Baligant qui se présente, quelle perte et quelle honte pour moi ! »

> . . . . . dolente, si mar fui,
> Sire, a tel hunte mon seignor ai perdut !

Elle plaint Saragosse d'être privée de son souverain. « Del gentil roi qui l'avait en baillie. » Dans son désespoir, elle s'en prend à Mahomet, qu'elle accuse de son malheur. Ce tableau a de la couleur et du mouvement ; mais il laisse à désirer une expression plus vive de l'amour conjugal.

Tout est juste et d'un goût exquis dans l'affliction de l'amante. La jeune Alde, en apprenant la mort de Roland son fiancé, ne dit qu'un mot qui vaut un long discours ; à l'offre que lui fait Charlemagne de la main de son fils, pour la consoler, elle répond : « Ce mot est étrange, ne plaise à Dieu que je survive à Roland ; » et elle tombe morte aux pieds de l'Empereur.

> . . . . . . Icest mot est estrange.
> Ne place Deu, ne ses seinz ne ses angles,
> Après Rollant que je vive remaigne.

> . . . . *Ce mot est étrange.*
> *Ne plaise à Dieu, à ses saints et à ses anges,*
> *Qu'après Roland je demeure vivante.*

Alde est la sœur d'Olivier, qui l'avait promise à son frère d'armes. Elle ne fait que traverser la scène; mais elle y laisse une trace ineffaçable. Cet épisode, qui n'a que vingt-cinq vers est dans la manière des grands maîtres, et je ne puis m'empêcher de le citer tout entier :

As li Alde venue, une bele damisele.
  Ço dist al rei ; O est Rollans le catanie,
Ki me jurat cume sa per a prendre ?
Carles en ad e dulor e pesance,
Pluret des oilz, tiret sa barbe blance :
Soer, chere amie, de hume mort me demandes.
Je t'en durrai mult esforcet eschange.
Ço est Loewis, mielz ne sai a parler.
Il est mes filz, e si tendrat mes marches.
Alde respunt : icest mot est estrange.
Ne place Deu ne ses seins ne ses angles.
Après Rollans que je vive remaigne !
Pert la culor, chet as piez Charlemagne ;
Sempres est morte. Deu ait merci de l'anme,

Alde la bele est a sa fin alee.
Cuidet li reis que ele se seit pasmée.
Pited en ad, si'n pluret l'emperere ;
La prent as mains, si l'en ad relevee ;
Quant Carles veit que morte l'ad truvee ,
Quatre cuntesses sempres i ad mandees :
A un muster de nuneins est portee,
La noit la guaitent entres qu'à l'ajurnee,
Lunc un alter belement l'enterrerent,
Mult grant honur i ad li reis dunee.

Alde, gente demoiselle, se présente au roi,
Et lui dit: Où est le capitaine Roland,
Qui a juré de me prendre pour femme ?
Charles en a grande peine et griévance,
Pleure des yeux, tire sa barbe blanche.
Sœur, chère amie, tu t'enquiers d'un homme mort.

Je t'en donnerai à force l'échange ;
Ce sera Louis, je ne puis mieux te dire.
Louis est mon fils, et il aura mes terres.
Alde répond : cette parole est pour moi étrange,
Ne plaise à Dieu, ni à ses saints, ni à ses anges,
Qu'après Roland, je reste vivante !
Elle perd ses couleurs , tombe aux pieds de Charlemagne ;
Elle est morte à jamais. Dieu ait merci de son âme !

Alde la belle est allée à sa fin.
Le roi pense qu'elle n'est que pâmée.
Il en a pitié, il en pleure.
Il lui prend les mains et la relève ;
Mais sa tête retombe sur ses épaules.
Lorsque Charles voit qu'elle est bien morte,
Il mande incontinent quatre comtesses.
Alde est portée dans un couvent de nonnes,
Qui la gardent toute la nuit jusqu'au jour.
On l'enterre au long d'un autel
Le roi lui a rendu de grands honneurs,

Outre les combats d'homme à homme, qui fournissent une riche matière à l'épopée, dans les temps primitifs, à ces époques où la force du corps et la valeur personnelle tiennent une grande place dans les jeux de la guerre, on trouve dans la chanson de Roland une grande lutte entre deux guerriers, je dirais un magnifique épisode, si elle ne faisait partie intégrante du drame, dont elle est le complément nécessaire et attendu. C'est le duel de Thierry et de Pinabel, où se manifeste, pour le châtiment du traître, le jugement de Dieu. La mort de Roland, causée par la perfidie de Ganelon, devait être vengée dans le poème qui la décrit avec des couleurs si vives ; et, loin qu'on puisse voir dans cette expiation un hors-d'œuvre, il faut reconnaître qu'elle figure au premier plan, comme une satisfaction due à l'illustre victime.

La description de Théroulde a pour nous l'attrait d'un ressort nouveau dans la machine épique, et d'une coutume ancienne dont il nous reste un dernier vestige ; aussi les formes de ce duel, détaillées avec une minutieuse exactitude, l'appel fait aux braves pour la composition d'un jury féodal, l'accusation portée contre Ganelon par Charlemagne, et soutenue par Thierry, qui déclare l'accusé coupable et digne de la mort, en défiant qu'on le démente, le démenti de Pinabel, qui se présente pour défendre son parent, la remise des gages, le signal donné par les juges du camp, le combat et le supplice du vaincu, tout émeut dans le tableau de cette solennelle épreuve. L'imagination ne conçoit pas de spectacle plus saisissant, de situation plus dramatique. Ganelon enchaîné suit de l'œil toutes les phases d'un combat dont dépendent son honneur et sa vie. Pour le rendre moins odieux, le poète a eu l'art de lui susciter quelques sympathies dans le jury composé pour le juger. Il se défend jusqu'au bout d'avoir trahi la France, crime à ses yeux même irrémissible, et soutient n'avoir voulu que se venger de Roland qui lui a causé de grands torts.

Mais il est trop clair que, pour se défaire de son ennemi, le traître a fait couler à flots le sang français, et mis son pays dans le plus grand péril. Dieu le juge ainsi, après l'Empereur, en livrant son champion aux coups de Thierry, défenseur de la bonne cause. Dieu intervient en effet pour assurer à ce dernier la victoire ; et les Francs de s'écrier : « Deus i a feit vertud ! »

Il y a dans ce procès plusieurs parties remarquables. Qu'il me soit permis d'en extraire quelques passages :

A l'accusation portée contre lui, Ganelon répond en ces termes :

Pur amor Deu, car m'entendez Baruns,
Jo fui en l'ost avoec l'Empereur ;
Serviced le per feid e per amur.
Rollans sis nies me coeillit en haür.
Si me jugat a mort et a dulur.

Message fui al re Marsiliun,
Per mun saveir en vinc jo a guarison.
Jo desfiai Rollans le poigneor,
E Oliver e tuz les compàgnun.

Carles l'oïd e si nobilie Barun.
Venged m'en sui ; mais n'i a traïsun.

Pour l'amour de Dieu, Barons, écoutez-moi.
J'étais dans l'armée avec l'Empereur.
Je l'ai servi fidèlement et avec amour.
Son neveu Roland me prit en haine.
Il opina pour me livrer à une mort cruelle.

Chargé d'un message auprès du roi Marsile,
Par mon adresse, je parai le danger.
J'ai défié Roland le batailleur,
Ainsi qu'Olivier et tous ses compagnons.
Charles et ses nobles Barons l'ont entendu.
Je me suis vengé de lui ; mais il n'y a point de trahison.

Voyant l'effet produit sur ses Barons par cette adroite défense, Charlemagne courroucé les traite de félons. Mais Thierry relève l'accusation et se déclare prêt à la soutenir :

Guesnes est fels d'iço qu'il le traïst.
Vers vous s'en est parjurez e malmis.
Pour ço le juz jo a pendre et a murir
. . . .
Si cume fel ki felonie feist.

S'or ad parent ki m'en voeille desmentir,
A ceste épée que jo ai ceinte ici
Mun jugement voel sempres guarantir.

Guesnes est félon pour avoir trahi.
Il s'est parjuré envers vous, et vous a fait tort.
Par quoi je le juge à pendre et à mourir
. . . .
Comme un félon atteint de félonie.

Or s'il a quelque parent qui veuille me démentir,
Avec cette épée que je porte au côté
Je veux soutenir en tout temps mon jugement.

Pinabel répond à ce défi :

> . . . . Sire, vostre est li plaiz;
> Car cumandez que tel noise n'i ait.
> Ci vei Tierri ki jugement ad fait.
> Jo si li fals ; od lui m'en cumbattrai.

> . . . . *Sire, c'est ici votre plaid.*
> *Ordonnez qu'il n'y ait pas tant de bruit.*
> *Voici Thierry qui a prononcé son jugement.*
> *Je dis qu'il ment ; je suis prêt à le combattre.*

Les deux champions s'arment et entrent dans la lice , en présence d'une foule de guerriers qui font des vœux pour Thierry :

> Idunc plurèrent cent mille chevalers,
> Qui pur Rollans de Tierri unt pitiet.
> Deus set asez cument la fin en ert !

> *Adonc pleurèrent cent mille chevaliers,*
> *Qui, partisans de Roland, ont pitié de Thierry.*
> *Dieu sait bien quelle en sera l'issue !*

Démontés tous deux au premier choc, ils continuent le combat à pied, et après un colloque, où Pinabel demande la grâce de Ganelon, et refuse tout accommodement pour lui seul, la lutte se rengage à outrance.

> Seinz hume mort ne poet estre afinet.

> *Elle ne peut s'achever sans mort d'homme.*

Leurs derniers efforts et la victoire finale de Thierry sont ainsi décrits par le poète :

> Mult par est proz Pinabels de Sorence,
> Si fiert Tierri sur l'elme de Provence.
> Salt en li fous, que l'erbe en fait esprendre,
> Del brant d'acer l'armure li presented,

Enmi le vis li ad faite descendre.
La destre joe en ad tute sanglente.

. . . .

Deus le guarit que mort ne l'acraventet.

Ço veit Tierris que el vis est ferut.
Li sancs tus clers en chiet el pred herbus.
Fiert Pinabel sur l'elme d'acer brun,
Jusqu'al nasel li ad frait e fendut.
Del chef li ad le cervel espandut.
Brandit sun colp, si l'ad mort abatut.
A icest colp est li esturs vencut.

C'est un vaillant preux que Pinabel de Sorence ;
Il frappe Thierry sur son casque de Provence.
Le feu en jaillit sur l'herbe qui s'enflamme,
Il lui présente sa flamberge d'acier,
Dont il lui décharge un coup au milieu du visage.
Sa joue droite est toute ensanglantée.

. . . .

Dieu le garantit de la mort qui allait l'abattre.

Thierry sent qu'il est blessé au visage.
Un sang clair en jaillit, et tombe sur l'herbe du pré.
Il frappe Pinabel sur son casque d'acier brun,
Qu'il fend et brise jusqu'au nasal.
De son crâne ouvert la cervelle s'épanche.
Il brandit son épée de nouveau, et l'abat mort.
Par ce coup, il est vaincu, et la joûte est finie.

Le jugement de Dieu s'exécute par le supplice du traître; et ce sont les Français qui, dans leur horreur de la trahison, opinent pour le plus rigoureux :

Sor tuit li altre l'unt otriet li Franc
Que Guesne moerget par merveillus ahan.
Quatre destors funt amener avant.
Puis li si lient e les pies et les mains.

Li chevals sunt orgueillus e curant.
Quatre serjanz les accoillent devant,
Devers une ewe ki est emmi un camp.
Trestuit si nerf mult li sunt estendant,
E tuit li membre de sun cor derumpant.
Sur l'erbe verte en espand li cler sanc.
Guesnes est mort cume fel recréant.
Ki traïst altre, n'en est dreiz qu'il s'en vant.

Sur tous les autres, les Francs ont demandé
Que Guesne mourût dans un supplice inusité.
On fait amener quatre coursiers.
On lui lie les pieds et les mains.
Les chevaux sont superbes et rapides.
Quatre sergents leur vont au devant
Et les chassent vers une eau qui se trouve au milieu d'un champ.
Dans leur course, les nerfs du patient s'allongent
Et tous ses membres sont rompus.
Son sang coule à flots sur l'herbe verte.
Guesnes est mort comme un félon parjure.
Quiconque a trahi son pays, il ne faut pas qu'il s'en vante.

Dans ce récit, qui ne manque pas de couleur, et qui brille surtout par la vérité des détails, toutes les formes du combat judiciaire sont retracées avec une vigueur de style remarquable.
L'Arioste, servi par une langue éminemment poétique, est loin, à
mon avis, de produire autant d'effet dans son épisode de Genièvre
et Ariadant, où le même sujet est mis en scène. Ses personnages
ont moins de relief. La scène du duel est moins imposante. L'imagination du poète italien, quelque riche qu'elle soit, ne peut suppléer
aux détails de mœurs qu'on trouve dans Théroulde, et qui en font
un peintre vraiment original. Oserai-je le dire? Lorsque Tancrède,
en face de son amante qu'il croit coupable, s'écrie :

Arrêtez, citoyens, j'entreprends sa défense ;
Je suis son chevalier ! . . . .

Que l'on ouvre la lice à l'honneur, au courage;
Que les juges du camp fassent tous les apprêts.
Toi superbe Orbassan, c'est toi que je défie;
Je jette devant toi le gage du combat,

Voltaire, qui n'avait point lu Théroulde, me paraît avoir mieux
peint en quelques traits le combat judiciaire que l'Arioste dans son
long et romanesque épisode. Ceci soit dit sans rien ôter à la gloire
de l'*Orlando furioso*.

L'esprit chevaleresque se révèle à chaque pas dans la chanson
de Roland, et lui donne une saveur exquise, un charme d'autant
plus grand que nous retrouvons quelque chose de nous-mêmes,
de nos sentiments et de notre caractère, si ce n'est de nos usages,
dans ce tableau des mœurs de nos ancêtres. Tout y est peint d'original comme dans Homère, l'armure des chevaliers, l'enseigne de
la France et son cri de guerre, les rits religieux, les investitures
féodales, et même quelques détails de la vie domestique. On se
plaît à retrouver dans des coutumes abolies les sources vives de
l'honneur français.

La vue d'un paladin armé de toutes pièces, monté sur son coursier rapide, ceint de sa bonne épée, couvert de son écu. l'épieu en
main, le haume en tête et le haubert sur le dos, ne ferait-elle pas
une vive impression sur un homme de notre temps? Théroulde
est un magicien qui l'évoque à nos yeux. Il fait retentir à nos
oreilles le bruit des clairons, et ce fameux cor d'ivoire qui distingue Roland, et doit lui être fatal. Il déploie dans les airs l'oriflamme, cet ancien étendard de saint Pierre; il associe le cheval
et l'épée du brave à sa gloire, en leur donnant des noms qui res-
teront joints à ceux de leurs maîtres. Roland, Veillantif et Durandal
deviennent inséparables, comme Charlemagne et Joyeuse, comme
Olivier et Haute-Claire. Les Preux ont des reliques dans la poignée
de leurs épées, une dent de saint Pierre ou du sang de saint Basile,
ou des cheveux de monseigneur saint Denis, ou un morceau du

7

vêtement de la Vierge ; image naïve de la foi de nos pères. Char-lemagne tient sa cour en plein air, assis dans un fauteuil d'ivoire à l'ombre d'un pin. Un manteau de martre zibeline est jeté sur ses épaules. On joue aux dames et aux échecs sur de riches étoffes qui couvrent le gazon. L'Empereur investit de son autorité, par la remise du gant et du bâton, ceux qu'il envoie porter ses ordres, et si quelqu'un, au moment où il reçoit ce gage, le laisse tomber, comme l'a fait Ganelon, mauvais signe pour tous, présage de malheur.

Les Sarrasins de leur côté (et c'est ici peut-être que la couleur locale est en défaut), les Sarrasins se modèlent sur les Francs; car Marsile a aussi ses douze Pairs, ses investitures féodales et son clergé musulman, où se trouvent jusqu'à des chanoines. La scène, où ce monarque, blessé à mort, privé de son fils unique et sans héritiers, remet à l'Emir Baligant ses terres et ses domaines, est empreinte d'un caractère de grandeur, qui saisit l'âme. Lorsqu'il voit entrer l'Emir, Marsile se dresse sur son lit, soutenu sous les bras par deux Sarrasins, et prenant de sa main gauche un gant qu'il présente à Baligant, il lui dit :

> . . . . Sire rei Amirels,
> Tutes ici mes teres jo vos rent,
> E Saraguce e l'onur ki apent.
> Mei ai perdut e trestute ma gent!

> E cil respunt : Tant sy jo plus dolent !
> Ne poi a vo tenir lung parlement.
> Jo sai asez que Carles ne m'atent ;
> E ne purqnant de vos recef le gant.

> . . . . *Sire Amiral,*
> *Je vous remets ici toutes mes terres,*
> *Et Saragosse avec tout ce qui en relève.*
> *Moi, je suis perdu, ainsi que tous mes gens !*

Et lui répond : D'autant plus en suis-je marri !
Je ne puis converser longtemps avec vous.
Je sais trop que Charles ne m'attend pas ;
Je reçois cependant le gant que vous m'offrez.

Voilà certes un beau sujet fourni par la poésie à la peinture. Remarquons encore un usage des anciens preux : Charlemagne, en signe de deuil, chevauche ayant la barbe toute dehors et flottant sur sa cuirasse.

Les rits sacrés, quoique exposés avec moins de détails que dans Homère, ne pouvaient être omis par un poète aussi religieux que Théroulde. On lit en plusieurs endroits que l'Empereur a entendu messe et vêpres. Jamais ses troupes n'engagent le combat sans avoir été bénies, confessées et absoutes par leur archevêque, sans avoir reçu la communion de ses mains ; et durant la bataille, les guerriers invoquent Dieu et les Saints. De plus on encense les morts, qui sont recueillis dans un ossuaire ; ceux des Barons, bien lavés de vin et de piment, sont renfermés dans des cuirs de bœuf. Le cœur de Roland, enveloppé dans un drap de soie, sera porté avec ceux d'Olivier et de l'archevêque Turpin à Blaye, dans l'église de St.-Romain. Tous trois y sont déposés dans des cercueils de marbre blanc. Enfin le corps de la jeune Alde est transporté dans un couvent de femmes et enterré au pied d'un autel.

On voit que la chanson de Roland est un miroir fidèle des institutions, usages et cérémonies d'un temps qu'on peut appeler l'âge héroïque de la civilisation moderne.

Il reste à étudier l'usage que Théroulde a fait du merveilleux, et à le comparer, sous ce rapport, avec ceux qui, avant ou après lui, ont employé ce puissant ressort de l'épopée.

Le merveilleux d'Homère, soit qu'il offre la contre-partie dans l'Olympe des faits qui s'accomplissent sur la terre, soit qu'il apparaisse comme le mobile des actions humaines, dues à la fréquente

intervention des dieux, soit enfin qu'il traduise en allégories ingé-
nieuses les phénomènes du monde physique et moral, ce merveilleux toujours grandiose, coule d'une source riche et abondante. Il
pénètre toutes les parties du poème; il en est l'âme. Ses plus écla-
tantes manifestations n'excluent pas une certaine vraisemblance;
car, au-delà des choses sensibles, le champ de la fiction est si
vaste, que tout semble permis à l'imagination. Qui peut assigner
des lois au monde immatériel? Les êtres supérieurs conversent
entre eux, et jouissent d'une vie qui n'a point de mesure com-
mune avec la nôtre; et, dans leurs rapports avec les hommes,
ceux-ci ne peuvent-ils les reconnaître sous la figure de quelque
mortel, ou croire qu'ils les voient, lorsqu'ils sentent leur présence
et leurs inspirations au fond de leur cœur? Il appartient du moins
au poète, lorsqu'il raconte, de les montrer tels qu'il les a vus dans
son vol sublime. Le chantre de l'*Iliade* ne dépasse jamais ces
limites de la vraisemblance.

Le Tasse, au contraire, quoiqu'il suive d'ailleurs le même procédé, ne se fait pas faute de choquer la raison par des merveilles
que l'esprit ne saurait admettre. Chez lui la nature obéit à son
auteur, qui renverse à son gré les lois qu'il a faites, et dont la
puissance, manifestée par des miracles, ne connaît aucunes bornes.
Ici, comme l'on voit, le merveilleux change d'aspect; nous entrons
dans le domaine de la féerie et des créations fantastiques. — On
doit remarquer encore, dans la *Jérusalem*, un élément nouveau,
la lutte de Satan contre Dieu et des démons contre les anges. Dans
la mythologie grecque, Typhon et les Titans sont enchaînés, et
mis hors d'état de nuire. Les agitations, dont le monde est le
théâtre, ne proviennent que de la rivalité des dieux protecteurs
des hommes; tandis que, suivant la donnée biblique, les esprits
infernaux se répandent sur la terre, et y exercent une action mal-
faisante. Tels sont, à mon avis, les traits particuliers qui caracté-
risent le merveilleux, au point de vue chrétien. Telles sont les
différences des deux systèmes, du reste assez semblables.

Le merveilleux ne manque pas au poème de Roland. A son insu

le poète y a fait emploi des deux systèmes, mais dans une si faible mesure qu'on en reconnaît à peine la trace. Point de ciel ouvert, où les esprits purs conversent entre eux, ayant un mode d'existence qui contraste avec les conditions de la vie humaine. Point d'immixtion fréquente dans les affaires de notre monde, ni d'influence exercée à chaque instant et en tout sens, comme dans Homère, sur nos déterminations. On n'y voit pas non plus, comme dans l'épopée chrétienne, de ces luttes ardentes entre les anges et les démons, qui expliquent les faits dont la terre est le théâtre; et, ce qui est plus remarquable, eu égard au temps, la partie féerique y est peu développée. Où donc apparaît ce merveilleux qui est un des éléments essentiels de la poésie épique? Dans quelques songes, dans les présages de la mort de Roland, dans des apparitions d'anges, dans le prodige du soleil s'arrêtant pour assurer la victoire de Charlemagne, mais surtout dans les exploits fabuleux des paladins, qui résistent seuls à une armée entière. Les grands coups d'épée, les armes enchantées ou douées de vertus puissantes, voilà ce qui caractérise le merveilleux dans la chanson de geste; voilà le ressort principal que Théroulde a mis en œuvre.

Les avis que Charlemagne a reçus en songe lui ont été transmis par un ange :

> Li angles Deu ço ad mustred al barun.

> *L'ange de Dieu a montré cela au baron.*

On voit même que Gabriel, à qui Dieu a commis la garde de l'Empereur, s'est tenu à son chevet pendant toute la nuit :

> Seint Gabriel ad Deus enveïet.
> Li angles est tute noit a sun chef.

> *Dieu a envoyé saint Gabriel.*
> *L'ange se tient toute la nuit à son chevet.*

La mort du grand capitaine est annoncée par des signes ef-
froyables, dont le tableau semble imité de Virgile. Remarquez
cependant qu'il ne s'y trouve point de prodiges qui renversent les
lois de la nature :

> En France en ad mult merveillus turment ;
> Orez i ad de tuneire e de vent,
> Pluies e grezils demesuréement ;
> Chiedent i fuildres e menut e souvent.
> E tere moete i ad veïrement.
> De Seinct Michel de Paris josqu'as Seinz,
> De Besentun tresqu'as porz de Guitsand.
> N'en ad recet dunt li mur ne cravent.
> Cuntre midi tenebres i ad granz.
> Ni a clarté se li cels n'en i fend.
> Hume ne'l veit ki mult ne s'espavent.
> Dient plusor : c'est li definiment,
> La fin del secle ki nous est en present !
> Ils ne l' savent ne dient veir nient :
> Ço est li granz doel por la mort de Rollant.

> *Il y a en France maints accidents étranges :*
> *Il y a des ouragans mêlés de tonnerre,*
> *Avec d'énormes quantités de pluie et de grêle ;*
> *La foudre éclate à coups drus et pressés.*
> *Et vraiment aussi la terre tremble*
> *Depuis Saint Michel de Paris jusqu'à Sens,*
> *Depuis Besançon jusqu'au port de Wuissan.*
> *Il n'est pas une habitation dont les murs ne croulent.*
> *Il y a d'épaisses ténèbres en plein midi.*
> *Et le jour ne paraît qu'où le ciel se fend.*
> *On ne peut voir ces choses sans être épouvanté.*
> *Plusieurs disent : c'est la fin,*
> *La fin du siècle où nous sommes.*
> *Ils ne le savent point, et ne disent pas la vérité :*
> *C'est le grand deuil pour la mort de Roland.*

L'ange Gabriel intervient encore deux fois : d'abord, pour

secourir l'Empereur dans son combat avec l'Emir de Babylone. Il le soutient au moment où, frappé d'un coup terrible, il chancelle et va tomber :

> Carles cancelet, por poi qu'il n'est caüt.
> Mais Deu ne volt qu'il seit mort ne vencut.
> Seint Gabriel est apparut a lui,
> Si li demandet : Reis magnes, que fais-tu?
>
> Quand Carles oit la seinte voiz de l'angle,
> N'en ad paoür, ne de murir dutance.
> Repairet loi vigur e remembrance.

> *Charles chancelle, et peu s'en faut qu'il ne tombe.*
> *Mais Dieu ne veut qu'il meure, ou qu'il soit vaincu.*
> *Saint Gabriel lui est apparu,*
> *Lui demandant : Grand roi, que fais-tu?*
>
> *Quand Charles ouït la sainte voix de l'ange,*
> *Il n'a point de peur, ni crainte de mourir.*
> *Il recouvre sa force avec ses esprits.*

Gabriel apparaît aussi à Charlemagne à la fin du poème, et lui ordonne de la part de Dieu d'aller en Syrie combattre les chrétiens :

> Seint Gabriel de par Deu vint li dire :
> Carle, semun les oz de tun empire :
> Par force iras en la tere de Sirie.
> . . . .

> *Saint Gabriel vint lui dire de la part de Dieu :*
> *Charles, convoque les armées de ton empire,*
> *Et vas en force vers la terre de Syrie, etc.*

Voilà comment Théroulde a fait intervenir dans son poème les êtres supérieurs.

Lorsque Dieu, faisant éclater sa faveur par un grand signe, arrête le soleil, le poète ne donne que deux vers à cette merveille :

Pur Karlemagne fist Deus vertus mult granz,
Car li soleilz est remes en estant.

Dieu fit pour Charlemagne un grand miracle,
Car le soleil est resté en place.

Et il n'y revient ensuite que par cette mention laconique : « Lorsque l'Empereur se relève (il s'était agenouillé pour remercier Dieu de sa victoire), le soleil était couché.

Quant il se dreçet, li soleilz est culchet.

Du côté des Maures, il y a aussi des faits surnaturels; mais ils ne sont touchés qu'en passant et en quelques mots : c'est Abime, le mécréant, qui « ne creit en Deu, le filz Seincte Marie, » et dont l'écu est un présent du diable; c'est l'enchanteur Siglorel, qui a visité l'enfer par les maléfices de Satan.

Je ne dis rien de la foi des Preux aux reliques. On ne voit pas qu'ils s'en servent comme de talismans, qui les rendent invulnérables. Mais où le merveilleux éclate avec ampleur, c'est lorsque les paladins déploient sur le champ de bataille une valeur surhumaine. Là Théroulde, ordinairement si sobre de détails invraisemblables, se donne amplement carrière. Olivier, d'un seul coup d'épée, partage en deux son ennemi et le cheval qui le porte. Trois hommes en combattent quarante mille, qui tirent de loin, n'osant s'approcher d'eux. L'archevêque Turpin a fait mordre la poussière à quatre cents Maures, et meurt glorieusement entouré de leurs cadavres. Roland resté seul a vu la retraite de Marsile, et demeure, quoique blessé à mort, maître du champ de bataille. Il a sonné du cor et le bruit s'en est fait entendre à trente lieues de distance, etc. — Ces exagérations sont un tribut payé par Théroulde à l'esprit de son temps, mais si les romans de chevalerie n'avaient décrié ce genre de merveilleux, on pourrait dire qu'à défaut des autres parties, qui exigent la perfection de l'art, celle-ci n'était pas sans randeur.

III.

Après cette revue des parties saillantes de la chanson de Roland, il faut reconnaître que l'élément épique y abonde. Quant au plan, rien de plus simple assurément. L'action s'y développe sans effort et avec un intérêt toujours croissant jusqu'à la fin du poème. Mais cette simplicité même du plan trahit peut-être l'insuffisance de l'art et le défaut de la composition. Remarquons qu'il n'y a point ici de nœud, point de grand obstacle à vaincre, comme la colère d'Achille, ou les enchantements d'Armide, qui tiennent le héros dans une inaction fatale, point de rivalités entre les dieux, point de lutte entre le ciel et l'enfer, d'où dépende l'issue des événements. Roland meurt victime d'une machination exposée d'avance. La haine qui le frappe atteint du même coup une partie de l'armée, et la vengeance ne se fait pas attendre. Tous ces faits qui naissent les uns des autres, se déroulent comme dans une chronique de Shakespeare, et peut-être ne sont-ils pas groupés de manière à produire un puissant effet dramatique. Or l'épopée est avant tout un grand drame, qui doit avoir ses péripéties et ses crises. Elle exige une composition savante, et ne saurait se contenter de récits en tableaux, quelque riches qu'en soient le dessin et la couleur.

C'est donc, à mon avis, dans le plan du poème de Roland, dans la construction de cet édifice d'ailleurs si remarquable, que se révèle d'une manière sensible l'infériorité du talent ou du genre.

On y remarque aussi d'autres parties faibles et des lacunes d'autant plus regrettables, qu'elles rappellent des morceaux où s'est déployée en tout temps la richesse du genre épique. Ainsi il y a peu de variété dans le récit des combats : le poète n'emploie guère qu'un procédé qui consiste à mettre en scène deux guerriers, à décrire en quelques vers leurs armures, et à faire tomber l'un sous les coups de l'autre; un cri de joie salue le vainqueur. On ne trouve dans ces combats rien qui les distingue par des traits caractéristiques, par ces détails de mœurs, par ces incidents pittoresques dont Homère est si prodigue. Les épisodes y manquent entièrement, s'il est vrai qu'on ne puisse regarder comme tels quelques scènes, qui font partie intégrante du récit, comme l'investiture de l'Emir et la mort de la jeune Alde.

L'amour lui-même (chose étrange dans un poème de chevalerie), l'amour en est presque absent, et les dames, que l'Arioste met en première ligne dans ses chants,

> Le donne, i cavalieri, l'arme e gli amori,
> Le cortesie, l'audaci imprese io canto,

les dames ne sont représentées ici que par la reine des Maures, dont le rôle est secondaire, et par la fiancée de Roland, qui ne fait que paraître et mourir à la fin du poème. Qu'on n'y cherche pas les brillantes descriptions, ni les comparaisons soutenues, ni ce style plein d'images, qui appartiennent aux peintres immortels, en qui se personnifie la poésie épique. Théroulde ne décrit pas, il raconte; mais il abonde en sentiments vrais et pathétiques. Il a des aspirations vers le pays natal, des élans d'amour pour la France, des regrets pour le jeune guerrier qui va quitter la vie. Disons toutefois qu'aucun de ces sentiments, sauf l'amitié des frères d'armes, ne se produit avec une large expansion; qu'ils manquent de développements, et ne se traduisent pas, comme chez nos grands maîtres, en quelqu'un de ces beaux morceaux, où le poète se plaît à verser les trésors de sa palette.

Voilà les côtés faibles de la chanson de Roland, si on la compare au type convenu du poème épique. Mais est-ce bien à ce genre qu'il convient de rapporter l'œuvre de Théroulde? Faut-il dire, à cause des éléments qu'elle renferme, qu'elle constitue véritablement une épopée? Ceci, même au point où je suis parvenu, mérite quelques explications.

Il est bien certain d'abord que, malgré soñ titre actuel (il n'en
existe aucun sur l'unique manuscrit que l'on possède), ce n'est pas
un chant de guerre pareil à ceux qui conduisaient les Spartiates
ou nos Français à la victoire. Plutarque nous a conservé un de
ces chants, divisés en couplets pour mieux frapper l'oreille et le
cœur. Nos Tyrtées modernes, dans des hymnes impérissables, ont
fourni les modèles d'un genre, dont les conditions, marquées par
la nature des choses, ont dû être les mêmes dans tous les siècles.
Evidemment le poème de Roland, qui a quatre mille vers , sans
repos ni trace aucune de la forme lyrique, n'est pas un chant de
guerre, eût-il été chanté , comme on le prétend, à la bataille
d'Hastings. C'est un récit de faits et gestes, monument d'une
poésie qui, en tout temps et chez tous les peuples, a précédé la
poésie lyrique.

En effet, partout la muse a raconté d'abord les grandes actions,
pour consacrer la gloire du passé, et servir d'exemple aux temps
à venir. Ces récits, dans leur forme primitive, se divisent en plusieurs parties distinctes, quoiqu'ils embrassent une période plus
ou moins étendue; et ils sont ainsi découpés comme par morceaux,
parce qu'ils sont destinés à embellir les festins et les fêtes, à fournir même des aiguillons à la valeur dans les combats. Plus d'un
rapsode avait charmé les Grecs avant Homère , qui nous fait
connaître par leurs noms les chantres divins dont les banquets ne
pouvaient se passer. Les chants gaëliques, les romances espagnoles
sur le Cid, étaient les rudiments de véritables poèmes , que ces
poèmes aient existé ou non, comme, sans nul doute, il y avait des
trouvères avant Théroulde, et plus d'un chant sur les preux de
Charlemagne. Toujours et partout, au berceau des peuples, on
trouve des récits épiques, premiers jets qui naissent comme d'eux-
mêmes, et coulent de la veine poétique d'une nation. Vienne une
époque de gloire, marquée par quelque grand événement, qui
fournisse à la poésie un sujet national; et l'un de ces récits, com-
posés de pièces diverses mais concourant au même but, s'élève
tout à coup à la hauteur de l'épopée, comme le diamant, cette

rare production de la nature, se dégage des éléments grossiers où il s'élabore. Ainsi sont nés sans doute l'*Iliade* et l'*Odyssée,* que j'appelle des épopées de première formation, à la différence des autres compositions, qu'on nomme aussi épopées, quoiqu'elles n'aient pas ce caractère original et primitif. Ainsi se sont produits des récits remarquables à des degrés divers, tels que les *Niebelungen,* le *Romancero* et le poème de Roland.

Ce n'est donc pas un chant de guerre, mais une chanson de geste, nom bien approprié à ces compositions qui tenaient à la fois du drame et de la chronique, et dont la geste des Francs, *Gesta Francorum,* était la source; nom qui conviendrait également aux récits épiques dont je viens de parler, et même aux chants des rapsodes antérieurs à Homère. Ces chants, s'ils ne sont l'épopée elle-même, forment la transition à la grande, à la véritable épopée classique, dont ils possèdent les principaux éléments. Le Roland tire même de sa rudesse un avantage singulier, c'est que par sa forme, par ses couplets monorimes, par la coupe de ses vers qui tombent un à un avec le sens et sans période, il se prête mieux aux divers usages que la poésie primitive avait en vue. Les festins, les fêtes et les combats pouvaient d'autant mieux l'accueillir et lui donner place, qu'il offre plus de morceaux propres à être chantés. Les répétitions qu'on y remarque, et qui présentent souvent le même objet sous plusieurs faces, ce mot *aoi,* en avant! mis en dehors du vers et qui revient de temps en temps comme un coup d'éperon, montrent bien que la chanson de geste, épique dans son ensemble (c'était là son vrai caractère), avait aussi des morceaux ou des couplets faits pour être chantés dans les batailles.

Au surplus, à supposer que la chanson de Roland réunisse toutes les conditions du poème épique, je pense qu'elle n'aura jamais en France, comme monument littéraire, la valeur d'une épopée nationale, et voici quelques-unes des raisons qui me le font croire :

Ecrite dans une langue à demi-barbare, dont le peuple a perdu l'usage, la chansòn de Roland n'est point un ouvrage classique, et ne peut redevenir un poème populaire. On peut même dire que, quelle que fût son excellence, elle était en naissant destinée à périr : *Habent sua fata libelli.*

Si telle était sa destinée, comme œuvre littéraire, quelque nom qu'on veuille lui donner, bien moins encore pouvait-elle subsister comme épopée, à supposer qu'elle réunît les conditions du genre; car qu'est-ce qu'une épopée inaccessible au peuple et à la masse des hommes lettrés?

Pour conserver à la postérité, même un chef-d'œuvre, et le fixer à jamais dans le domaine de la littérature, il faut qu'il passe de main en main par une tradition non interrompue; ou que, s'il se produit aux regards dans une langue morte, cette langue soit au moins devenue classique.

Or le vieux français a péri en se transformant, et n'est point resté classique. Le peuple, qui ne lit pas, a été trop longtemps grossier, trop constamment malheureux en France, pour conserver, par la tradition orale, les chants nationaux, comme il est arrivé dans des climats plus heureux; et d'un autre côté, ce vieil idiôme, où sont les sources de notre littérature, a subi des changements si profonds, qu'il n'est accessible de nos jours qu'à un petit nombre d'érudits. C'est une langue morte pour la masse des lettrés, qui lui préfèrent avec raison les langues d'Homère et de Virgile.

Est-il au pouvoir des érudits ou des élèves de l'Ecole des chartes de rendre la popularité à un poème qu'eux seuls et quelques modestes philologues peuvent entendre?

Qu'on ne dise pas que le vieux français est pour nous ce qu'était pour les Grecs leur langue imparfaite encore, et qu'Homère, aussi ancien pour les Athéniens du temps de Périclès que Théroulde pour les Français du XIX⁰ siècle, n'avait perdu auprès d'eux rien de sa gloire. D'Homère à Périclès la langue grecque n'avait pas subi de changements essentiels. Au temps d'Homère, elle était déjà formée, bien construite et d'une richesse admirable.

Elle ne s'est pas transformée comme la nôtre. Il est certain que le grec d'Homère ne devint jamais étranger aux différentes parties de la Grèce. Idiôme vivant pour la multitude, transmis aux Latins et aux nations modernes, il n'a jamais cessé, soit par la tradition orale, soit par la culture des lettres, de manifester dans toute sa gloire le père de la poésie épique.

Au contraire la langue de Théroulde, informe au temps où il écrivait, était déjà perdue, abolie pour les Français à la renaissance des lettres. Son poème a été submergé par le même flot qui aurait emporté l'*Iliade* elle-même, si elle avait pris naissance dans les rudiments grossiers de la langue grecque.

La chanson de Roland, remise en lumière dans ces derniers temps, ne peut donc atteindre à la hauteur de l'épopée, réunît-elle d'ailleurs toutes les conditions du genre ; parce que, écrite dans une langue morte, qui n'est point demeurée classique, elle n'a point la renommée populaire, ni ces traditions de gloire dont l'épopée ne saurait se passer.

J'arrive à regret à cette conclusion, après avoir recueilli tant d'éléments épiques dans ce beau poème. Il faut renoncer à voir dans Théroulde l'Homère français. Il faut même abandonner l'idée qu'à tout autre titre il puisse recouvrer la faveur dont il a joui autrefois. J'admets que, grâce à l'étude plus répandue de notre vieux langage, la chanson de Roland soit bientôt lue couramment de tout homme ayant reçu quelque instruction ; mais elle ne saurait être appréciée à sa juste valeur. Dans les vieux auteurs, où notre goût moderne relève des trivialités ou des termes impropres, il n'y a souvent que des mots dont l'acception a changé. Théroulde est plus qu'un autre exposé à ces mésinterprétations. Son style, qu'on trouvera quelquefois naïf jusqu'à la puérilité, n'était que simple et naturel. Ses formes, qui nous paraissent maintenant rustiques et grossières, représentaient l'esprit de la cour de Charlemagne. Pour retrouver leur vrai caractère, il faudrait faire abstraction de la langue d'aujourd'hui, qui, par son contraste avec celle d'où elle est sortie, donne lieu à de fréquentes erreurs. Il audrait nous dépouiller de ces habitudes de langage, qui nous placent à un faux point de vue, et nous trompent; chose bien difficile, j'oserai dire impossible à la plupart des lecteurs; et de là vient que la chanson de Roland ne sera jamais pour eux qu'un poème travesti, bien différent de celui qui se chantait au XIᵉ siècle, où tout en était noble, pathétique, et dans un rapport parfait de conception et de forme.

Une autre cause de défaveur, qui se tire encore du texte, c'est sa fâcheuse ressemblance avec le patois picard, seul reste vivant de l'ancienne langue française. On l'y trouve presque tout entier avec ses formes rustiques, avec sa prononciation figurée par l'orthographe du temps. Il en résulte, au moins pour les habitants des contrées où ce patois s'est conservé, une impression désagréable que n'effacent point des beautés nombreuses et réelles; car il existe dans notre esprit une association d'idées, d'où dépendent plus qu'on ne croit nos jugements littéraires; et lorsque nous trouvons dans la bouche de Charlemagne le langage d'un de nos paysans, ou du moins quelques-unes de ses formes, nous avons peine à en dégager la noblesse de sentiments qui convient à l'Empereur. Je sais bien que le fond des idées relève ce langage; mais il ne s'en présente pas moins à nous avec une apparence de rusticité, qui gâte quelquefois l'effet dramatique. Théroulde ne se doutait guère que ses héros un jour parleraient picard à des Parisiens. Ce n'est point sa faute, mais c'est un malheur, un obstacle de plus à la résurrection glorieuse de son poème.

Qu'il soit lu avec curiosité par les uns, avec plaisir par les autres, avec fruit par tous, je n'en fais aucun doute. Qu'il offre aux philologues une mine inépuisable d'études intéressantes, aux littérateurs de beaux modèles, à tous les Français, amis de leur pays, des sources d'émotions patriotiques, j'en suis sûr encore et je m'en fais garant. Mais, malgré les hautes qualités qui le distinguent, malgré la beauté du plan et la richesse des détails, malgré l'autorité de son éditeur et mon admiration personnelle, je ne puis admettre que la France ait trouvé en lui l'épopée qui lui manque, ni même qu'il recouvre la gloire dont il a joui comme chanson de geste.

Qu'il lui suffise d'être classé parmi les plus curieux monuments de notre littérature nationale.

H. DAUPHIN.

AMIENS. — IMP. DE LENOEL-HEROUART.